金 泰虎 著

新版 韓国理解への鍵

会話（話す・聞く）中心の基礎韓国語

白帝社

　本書は、会話を中心とする「話す」・「聞く」の技能に重点をおいた基礎的韓国語を学習する
目的の書物です。会話には基本的に明確な発音、かつ正確な聞き取りが求められるでしょう。
明確な発音と正確な聞き取りを重視している理由は、話者が正確な発音で伝えてこそ、聞き手
は聞き取ることができ返答も期待できるからです。

　外国語として韓国語を学び、話者が韓国語で自分の意志を伝え、それを聞き手が正確に聞き
取れるようにするためには、**理論に基づく韓国語の発音よりは現地音に近い実際の発音を提示**
するのが最大のポイントです。本書では現地音に基づく実践の会話に加え、文法事項も提示し
ています。

　本書の発音と文法事項は、「ハングル正書法（한글 맞춤법）」（『教育部告示』第 88 - 1）、「標
準語規定」（『教育部告示』第 88 - 2 号）、「国語のローマ字表記法（국어의 로마자 표기법）」（『文
化観光部告示』第 2000 - 8）、「外来語表記法」（『文化部告示』第 1992 - 31 号）に基づいた
ものです。

　グローバル化時代の到来と相まって、韓日の交流が盛んとなり、とりわけ日本では数多くの
韓国語学習用テキストが出版されています。その中でも本書は基礎韓国語を想定したテキスト
ではありますが、日本で受けられる韓国語の検定試験、つまり「韓国語能力試験（TOPIK）」2 級、
「ハングル能力検定試験」3 級に対応できる内容の構成です。

　本書は、大学で学ぶ会話の教材を想定していますが、大学以外の教育の場における学習用教
材として活用できる内容です。会話中心の学習と言えば、文法を扱う量が少ないというイメー
ジが強いですが、本書では基礎で学ぶべき文法事項に考慮しながら、それに沿って会話文を提
示しています。つまり、会話を中心とする内容を取り上げ、基礎水準で学ぶべき文法を説明し
ています。

　本書を使う方は、幼い頃からの言語習得のように「聞く」ことから学習するのとは違って、
主に意識を形成されている青少年以上の方、つまり文字から言語を取得しようとする方である
と考えます。そのため、まず発音規則や文法事項に関する仕組みを理解した上で会話と聞き取
りを行う構成であり、練習問題は会話と聞き取りを補う役割を果たすと思います。

　一般的に言語の学習には、「話す」・「聞く」（会話）、「読む」・「書く」（読解）といった 4 技
能は切り離しては考えられません。その意味で本書の目指す会話だけではなく、「読む」・「書く」
（読解）の『新版 韓国理解への扉』（白帝社）を併せて学習することをお勧めします。なお『韓
国語教育の理論と実際』（白帝社）も合わせて参照されたいと思います。

本書を活用して学習者が目標とする到達点まで辿りつき、韓国旅行に困らないくらいの韓国語能力を身につけることができれば幸いです。

　最後に、本書の出版にあたっては、白帝社編集部の伊佐順子氏に大変お世話になりました。記して感謝の意を表したいと思います。

金　泰虎

目　次

付録
（表１）文体の種類
（表２）過去形の文体
（表３）連体形一覧表
（表４）用言活用表
（表５）変則活用用表

解答集

音声ダウンロードサービスについて

■ このテキストの音声ファイル（MP3）を無料でダウンロードすることができます。
「白帝社 新版 韓国理解への鍵」で検索、または以下のページにアクセスしてください。

https://www.hakuteisha.co.jp/news/n56255.html

● 本文中の 🔊 マークの箇所が音声ファイル（MP3）提供箇所です。PC やスマトフォン
などにダウンロードしてご利用ください。

　＊ デジタルオーディオプレーヤーやスマートフォンに転送して聞く場合は、各製品
　　の取り扱い説明書やヘルプ機能によってください。

　＊ 各機器と再生ソフトに関する技術的なご質問は、各メーカーにお願いいたします。

　＊ 本書と音声は著作権法で保護されています。

新 版

韓国理解への鍵

第1課 母音字の発音（単純母音字・複合母音字）

✅ **授業内容**：単純母音と複合母音とその発音を学習する。

✅ **授業目標**：単純母音と複合母音の発音とその聞き取りができる。

---

1 **単純母音**

◆ 書き順

ㅏ ㅑ ㅓ ㅕ ㅗ ㅛ ㅜ ㅠ ㅡ ㅣ

◆ 発音

ㅏ	ㅑ	ㅓ	ㅕ	ㅗ	ㅛ	ㅜ	ㅠ	ㅡ	ㅣ
[a]	[ja]	[ɔ]	[jɔ]	[o]	[jo]	[u]	[ju]	[ɯ]	[i]

◆「ㅇ」を付けての表記（「ㅇ」は［無音］）

아 야 어 여 오 요 우 유 으 이

2 **複合母音**

◆ 書き順

ㅐ ㅒ ㅔ ㅖ ㅘ ㅙ

ㅚ ㅝ ㅞ ㅟ ㅢ

◆ 発音

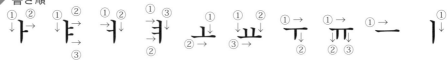

ㅐ	ㅒ	ㅔ	ㅖ	ㅘ	ㅙ	ㅚ	ㅝ	ㅞ	ㅟ	ㅢ
[ɛ]	[jɛ]	[e]	[je]	[wa]	[wɛ]	[we]	[wɔ]	[we]	[wi]	[ɯi]

◆「ㅇ」を付けての表記（「ㅇ」は無音）

애 얘 에 예 와 왜 외 워 웨 위 의

01

02

2

》学習ポイント

● ハングル書き順の大原則

a、上から下へ書いていく

b、左から右へ書いていく

c、「ㅇ」は、上から反時計回りに書いていく

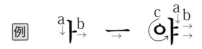

● 書くときの注意事項

야、으、ㅛ のように、曲がっている部分や、突出しているような部分は、気にせず 아、으、ㅗ と書くこと。

》発音ポイント

● ハングルは子音と母音の組み合わせで、初めて１つの字（音節）をなす。したがって、母音を表記する時は子音を書く場所に無音を意味する「ㅇ」を書き入れる。

아 야 어 여 오 요 우 유 으 이

》発音の仕方

아 [a]：日本語の「ア」のように発音する。

야 [ja]：日本語の「ヤ」のように発音する。

어 [ɔ]：口を丸めず、自然体で半分程度に開け、舌を口の中に浮かばせて喉から「オ」の発音をする。

여 [jɔ]：口を丸めず、自然体で半分程度に開け、舌を口の中に浮かばせつつ、舌を前方に出すようにして「ヨ」の発音をする。

오 [o]：唇を丸くして、日本語の「オ」のように発音する。

요 [jo]：日本語の「ヨ」のように発音する。

우 [u]：唇を突き出して、日本語の「ウ」のように発音する。

유 [ju]：唇を突き出して、日本語の「ユ」のように発音する。

으 [ɯ]：唇を平たく両横に開く。上下の唇や歯はそれぞれ非常に接近した状態、そして舌は口の中の低い位置に置いたまま喉から発音する。つまり、「イ」の口の形で「ウ」の発音をする。

이 [i]：日本語の「イ」のように発音する。

● 韓国語の発音を仮名で表記しないのが望ましい。なぜなら例えば、ㅓ [ɔ] と ㅗ [o] は [オ]、そして ㅕ [jɔ] と ㅛ [jo] は [ヨ] と記すことになり、どちらも同じ発音になっ

てしまう。したがって、仮名表記はしないほうが良い。

≫ ポイント

● ㅓ [ɔ]、ㅕ [jɔ]、ㅡ [ɯ] は日本語には類似している発音や、その表記文字がないため、特に発音に気を付ける必要がある。

    ㅓ [ɔ]：日本語の「オ」にならないように発音することが重要である。

    ㅕ [jɔ]：日本語の「ヨ」にならないように発音することが重要である。

    ㅡ [ɯ]：唇は両横に引きながら、上下の唇や歯はそれぞれ非常に接近した状態で発音するのがポイントである。

● 単純母音を覚えるコツ

    縦線（ㅣ）に右１本（ㅏ）→右２本（ㅑ）

    縦線に左１本（ㅓ）→左２本（ㅕ）

    横線（ㅡ）に上１本（ㅗ）→上２本（ㅛ）

    横線１本に下１本（ㅜ）→下２本（ㅠ）

    横線のみ（ㅡ）

    縦線のみ（ㅣ）

    ※書き順は２ページに従うこと。

● 注意すること

    初修韓国語学習者にとって、ハングルの発音は難しく感じられ、読み方を書きたくなる。しかし、ハングルにひらがなやカタカナで振り仮名（読み仮名）を振らないことが重要である。韓国語には、日本語の仮名で表記できない音があるため、振り仮名を打つと、韓国語の正しい発音を習得できなかったり、文字の音を覚えるのが遅くなるからである。前出のように、ㅗ [o] とㅓ [ɔ]、そしてㅜ [u] とㅡ [ɯ] はそれぞれ異なる発音であるが、仮名表記をすれば、前者の２つは、ともに [オ]、後者は [ウ] と表記することになり、実際の韓国語の発音と乖離が生じてしまうのである。なお、ㅓ [ɔ]（子音も含む）のように発音記号で韓国語の発音を表記することにも限界がある。よって発音記号も使わずに学習するのが望ましいが、文字を学習する段階では便宜上、使用することにする。

● 複合母音の組み合わせの原理

    ㅐ → ㅏ + ㅣ

    ㅒ → ㅑ + ㅣ

    ㅔ → ㅓ + ㅣ

    ㅖ → ㅕ + ㅣ

ㅘ→ㅗ + ㅏ
ㅙ→ㅗ + ㅏ + ㅣ
ㅚ→ㅗ + ㅣ
ㅝ→ㅜ + ㅓ
ㅞ→ㅜ + ㅓ + ㅣ
ㅟ→ㅜ + ㅣ
ㅢ→ㅡ + ㅣ

● 発音の仕方

애 [ɛ]　：日本語の「エ」とほぼ同じ発音であるが、口は에 [e] より少し大きく開けて、舌の中間部分から音を出す。

얘 [jɛ]　：[ɛ] に [j] の音を加えて発音するが、口をたてに大きめに開いて発音する。

에 [e]　：日本語の「エ」とほぼ同じ発音であるが、口は애 [ɛ] よりやや小さ目に開けて、舌の前の部分から音を出す。

예 [je]　：[e] に [j] の音を加えて発音する。

와 [wa]　：ㅗ [o] にㅏ [a] を加える感じで、日本語の「ワ」のように発音する。

왜 [wɛ]　：ㅗ [o] にㅐ [ɛ] を加える感じで発音する。

외 [we]　：ㅗ [o] にㅔ [e] を加える感じで発音する。

워 [wɔ]　：ㅜ [u] にㅓ [ɔ] を加える感じで発音する。

웨 [we]　：ㅜ [u] にㅔ [e] を加える感じで発音する。

위 [wi]　：ㅜ [u] にㅣ [i] を加える感じで発音する。

의 [ɰi]　：ㅡ [ɯ] にㅣ [i] を加える感じで発音する。*〈第2課「ㅡ」及び「의」の発音参照〉

● 発音の区別に注意

＊ 애 [ɛ]・에 [e] は、口を開ける大きさや発音する舌の位置に注意する。

＊ 얘 [e]・예 [je] は、ㅐ [ɛ] やㅔ [e] に [j] の音を加えて発音する。

＊ 웨 [wɛ] は口を突き出し気味に [ウェ] と発音する。외 [we] は口を緊張せず [ウェ] と発音する。そして、웨 [we] は口は「왜」よりやや小さめに開けて [ウェ] と発音するのがポイントである。

≫ 学習ポイント

韓国語は音の長短によって意味が変わることがある。例えば、눈（雪）[nuːn]、눈（目）[nun] である。なお、韓国語のごく一部では、アクセントによって意味が変わることもある。

1 次の単純母音を発音しながら、書き順に基づいて 10 回書きなさい。

아	야	어	여	오	요	우	유	으	이
아	야	어	여	오	요	우	유	으	이

2 次の単語を発音しながら書きなさい。

(1) 아이 (子供) [a i]

_____ _____ _____

(2) 여우 (狐) [jɔ u]

_____ _____ _____

(3) 오이 (キュウリ) [o i]

_____ _____ _____

(4) 우유 (牛乳) [u ju]

_____ _____ _____

3 次の複合母音を発音しながら、書き順に基づいて 10 回書きなさい。

애	애	에	예	와	왜	외	워	웨	위	의
애	애	에	예	와	왜	외	워	웨	위	의

4 次の単語を発音しながら書きなさい。

（1）야외 （野外）［ja we］

＿＿＿＿＿＿＿＿　＿＿＿＿＿＿＿＿　＿＿＿＿＿＿＿＿

（2）와요 （来ます）［wa jo］

＿＿＿＿＿＿＿＿　＿＿＿＿＿＿＿＿　＿＿＿＿＿＿＿＿

（3）예외 （例外）［je we］

＿＿＿＿＿＿＿＿　＿＿＿＿＿＿＿＿　＿＿＿＿＿＿＿＿

（4）위에 （上に）［wi e］

＿＿＿＿＿＿＿＿　＿＿＿＿＿＿＿＿　＿＿＿＿＿＿＿＿

03
5 音声を聞いて発音された順番（数字）を書きなさい（2 回読み上げる）。

예외 （　　　）　　　　오이 （　　　）

야외 （　　　）　　　　여우 （　　　）

第2課　単純母音字・複合母音字と子音字の組み合わせの発音

✅ **授業内容**：子音と単純母音・複合母音の組み合わせ及びその発音を学習する。

✅ **授業目標**：子音と母音を組み合わせた文字の発音とその聞き取りができる。

---

1 子音

◆ 書き順

◆ 発音

ㄱ	ㄴ	ㄷ	ㄹ	ㅁ	ㅂ	ㅅ	ㅇ	ㅈ	ㅊ	ㅋ	ㅌ	ㅍ	ㅎ
[g]	[n]	[d]	[r,l]	[m]	[b]	[s]	[無音,ŋ]	[dʒ]	[tʃ]	[k]	[t]	[p]	[h]

但し、バッチムで終る時

　　[k]*　　　　　[t]*　　　　　[p]*

＊後述するが、連音化によって語頭に移動する場合は [g]、[d]、[b] と発音する。

＊ㄹ発音（表記）は、語頭にきた場合には [r]、それ以外は [l] とする。

★ **濃音**：　ㄲ [ˈk]　　ㄸ [ˈt]　　ㅃ [ˈp]　　ㅆ [ˈs]　　ㅉ [ˈtʃ]

＊濃音は、基本子音字（14 個）には入っていないが、子音の仲間である。平音のㄱ・ㄷ・ㅂ・ㅅ・ㅈを二つ並べて、ㄲ・ㄸ・ㅃ・ㅆ・ㅉと表記する。

＊ 本書（上記）における子音の発音記号の提案理由

　下に記した、従来の韓国語子音の発音記号は理論的には正しいと考える。しかし、日本語話者である学習者がこの理論に基づいて発音をすると、現地音と乖離が生じてしまい、また平音・激音・濃音の区別がつきにくく、すべて同じような発音をしてしまう傾向がある。そこで、この問題を解決し、滑らかな韓国語の発音を目指す「実際」の発音記号として、上記の発音記号を提案している。詳しくは、後述の平音・激音・濃音の説明（第3課）、そして「日本における韓国語学習用テキストの発音記号と学習者」（『韓国語教育の理論と実際』白帝社）を参照されたい。

〈従来〉ㄱ　ㄴ　ㄷ　ㄹ　ㅁ　ㅂ　ㅅ　ㅇ　　ㅈ　ㅊ　ㅋ　ㅌ　ㅍ　ㅎ

[k,g]　[n]　[t,d]　[r,l]　[m]　[p,b]　[s]　[無音,ŋ] [tʃ,dʒ] [tʃʰ] [kʰ] [tʰ] [pʰ] [h]

◆　子音の分類

平音	ㄱ ㄷ ㅂ ㅅ ㅈ		
鼻音	ㄴ ㅁ ㅇ		
流音	ㄹ		
激音	ㅋ ㅌ ㅍ　　ㅊ ㅎ		
濃音	ㄲ ㄸ ㅃ ㅆ ㅉ		

※　韓国語の平音は、日本語の清音と濁音の間くらいの発音であるが、語頭では清音、語中では濁音に近いと言えよう。とは言え、清音と濁音のいずれかに基づいて発音すると正確ではない印象を受ける。平音の発音を語頭か語中かによって区別する、つまり「語頭は清音、語中は濁音にして発音する」という学習方法をとると発音が上手く習得できず、また平音と激音の区別がつきにくくなるのである。そこで、**語頭、語中の区別をせず、「語頭と語中のいずれも"さりげなく濁音"のような発音をする」**という学習方法にすれば、より平音に近い発音ができる。

2 子音と母音の組み合わせ

- 単純母音と子音の組み合わせと発音記号

	ㅏ [a]	ㅑ [ja]	ㅓ [ɔ]	ㅕ [jɔ]	ㅗ [o]	ㅛ [jo]	ㅜ [u]	ㅠ [ju]	ㅡ [ɯ]	ㅣ [i]
ㄱ [g]	가 [ga]	갸 [gja]	거 [gɔ]	겨 [gjɔ]	고 [go]	교 [gjo]	구 [gu]	규 [gju]	그 [gɯ]	기 [gi]
ㄴ [n]	나 [na]	냐 [nja]	너 [nɔ]	녀 [njɔ]	노 [no]	뇨 [njo]	누 [nu]	뉴 [nju]	느 [nɯ]	니 [ni]
ㄷ [d]	다 [da]	댜 [dja]	더 [dɔ]	뎌 [djɔ]	도 [do]	됴 [djo]	두 [du]	듀 [dju]	드 [dɯ]	디 [di]
ㄹ [r]	라 [ra]	랴 [rja]	러 [rɔ]	려 [rjɔ]	로 [ro]	료 [rjo]	루 [ru]	류 [rju]	르 [rɯ]	리 [ri]
ㅁ [m]	마 [ma]	먀 [mja]	머 [mɔ]	며 [mjɔ]	모 [mo]	묘 [mjo]	무 [mu]	뮤 [mju]	므 [mɯ]	미 [mi]
ㅂ [b]	바 [ba]	뱌 [bja]	버 [bɔ]	벼 [bjɔ]	보 [bo]	뵤 [bjo]	부 [bu]	뷰 [bju]	브 [bɯ]	비 [bi]
ㅅ [s]	사 [sa]	샤 [sja]	서 [sɔ]	셔 [sjɔ]	소 [so]	쇼 [sjo]	수 [su]	슈 [sju]	스 [sɯ]	시 [si]
ㅇ [無音]	아 [a]	야 [ja]	어 [ɔ]	여 [jɔ]	오 [o]	요 [jo]	우 [u]	유 [ju]	으 [ɯ]	이 [i]
ㅈ [dʒ]	자 [dʒa]	쟈 [dʒja]	저 [dʒɔ]	져 [dʒjɔ]	조 [dʒo]	죠 [dʒjo]	주 [dʒu]	쥬 [dʒju]	즈 [dʒɯ]	지 [dʒi]
ㅊ [tʃ]	차 [tʃa]	챠 [tʃja]	처 [tʃɔ]	쳐 [tʃjɔ]	초 [tʃo]	쵸 [tʃjo]	추 [tʃu]	츄 [tʃju]	츠 [tʃɯ]	치 [tʃi]
ㅋ [k]	카 [ka]	캬 [kja]	커 [kɔ]	켜 [kjɔ]	코 [ko]	쿄 [kjo]	쿠 [ku]	큐 [kju]	크 [kɯ]	키 [ki]
ㅌ [t]	타 [ta]	탸 [tja]	터 [tɔ]	텨 [tjɔ]	토 [to]	툐 [tjo]	투 [tu]	튜 [tju]	트 [tɯ]	티 [ti]
ㅍ [p]	파 [pa]	퍄 [pja]	퍼 [pɔ]	펴 [pjɔ]	포 [po]	표 [pjo]	푸 [pu]	퓨 [pju]	프 [pɯ]	피 [pi]
ㅎ [h]	하 [ha]	햐 [hja]	허 [hɔ]	혀 [hjɔ]	호 [ho]	효 [hjo]	후 [hu]	휴 [hju]	흐 [hɯ]	히 [hi]

＊ 単純母音と子音の組み合わせによる文字の中では、実際には使われていない理論上の文字もある。

• 複合母音と子音の組み合わせと発音記号

	ㅐ[ɛ]	ㅒ[jɛ]	ㅔ[e]	ㅖ[je]	ㅘ[wa]	ㅙ[wɛ]	ㅚ[we]	ㅝ[wɔ]	ㅞ[we]	ㅟ[wi]	ㅢ[ɯi]
ㄱ [g]	개 [gɛ]	걔 [gjɛ]	게 [ge]	계 [gje]	과 [gwa]	괘 [gwɛ]	괴 [gwe]	궈 [gwɔ]	궤 [gwe]	귀 [gwi]	긔 [gi]
ㄴ [n]	내 [nɛ]	냬 [njɛ]	네 [ne]	녜 [nje]	놔 [nwa]	놰 [gwɛ]	뇌 [gwe]	눠 [nwɔ]	눼 [nwe]	뉘 [nwi]	늬 [ni]
ㄷ [d]	대 [dɛ]	댸 [djɛ]	데 [de]	뎨 [dje]	돠 [dwa]	돼 [dwɛ]	되 [dwe]	둬 [dwɔ]	뒈 [dwe]	뒤 [dwi]	듸 [di]
ㄹ [r]	래 [rɛ]	럐 [rjɛ]	레 [re]	례 [rje]	롸 [rwa]	뢔 [rwɛ]	뢰 [rwe]	뤄 [rwɔ]	뤠 [rwe]	뤼 [rwi]	릐 [ri]
ㅁ [m]	매 [mɛ]	먜 [mjɛ]	메 [me]	몌 [mje]	좌 [mwa]	뫠 [mwɛ]	뫼 [mwe]	뭐 [mwɔ]	뭬 [mwe]	뮈 [mwi]	믜 [mi]
ㅂ [b]	배 [bɛ]	뱨 [bjɛ]	베 [be]	볘 [bje]	봐 [bwa]	봬 [bwɛ]	뵈 [bwe]	붜 [bwɔ]	붸 [bwe]	뷔 [bwi]	븨 [bi]
ㅅ [s]	새 [sɛ]	섀 [sjɛ]	세 [se]	셰 [sje]	솨 [swa]	쇄 [swɛ]	쇠 [swe]	쉬 [sɔ]	쉐 [swe]	쉬 [swi]	싀 [si]
ㅇ [無音]	애 [ɛ]	얘 [jɛ]	에 [e]	예 [je]	와 [wa]	왜 [wɛ]	외 [we]	워 [wɔ]	웨 [we]	위 [wi]	의 [ɯi]
ㅈ [dʒ]	재 [dʒɛ]	쟤 [dʒjɛ]	제 [dʒe]	졔 [dʒje]	좌 [dʒwa]	좨 [dʒwɛ]	죄 [dʒwe]	줘 [dʒwɔ]	줴 [dʒwe]	쥐 [dʒwi]	즤 [dʒi]
ㅊ [tʃ]	채 [tʃɛ]	챼 [tʃjɛ]	체 [tʃe]	쳬 [tʃje]	촤 [tʃwa]	쵀 [tʃwɛ]	최 [tʃwe]	춰 [tʃwɔ]	췌 [tʃwe]	취 [tʃwi]	츼 [tʃi]
ㅋ [k]	캐 [kɛ]	컈 [kjɛ]	케 [ke]	켸 [kje]	콰 [kwa]	쾌 [kwɛ]	쾨 [kwe]	쿼 [kwɔ]	퀘 [kwe]	퀴 [kwi]	킈 [ki]
ㅌ [t]	태 [tɛ]	턔 [tjɛ]	테 [te]	톄 [tje]	톼 [twa]	퇘 [twɛ]	퇴 [twe]	퉈 [twɔ]	퉤 [twe]	튀 [twi]	틔 [ti]
ㅍ [p]	패 [pɛ]	퍠 [pjɛ]	페 [pe]	폐 [pje]	퐈 [pwa]	퐤 [pwɛ]	푀 [pwe]	풔 [pwɔ]	풰 [pwe]	퓌 [pwi]	픠 [pi]
ㅎ [h]	해 [hɛ]	햬 [hjɛ]	헤 [he]	혜 [hje]	화 [hwa]	홰 [hwɛ]	회 [hwe]	훠 [hwɔ]	훼 [hwe]	휘 [hwi]	희 [hi]

＊ 複合母音と子音の組み合わせによる文字の中では、実際には使われていない理論上の文字もある。

▶▶ ハングルの構造

　ハングルの構造であるが、一つの字（音節）は子音（初声）＋母音（中声）か、子音（初声）＋母音（中声）＋子音（終声）となる。その形は以下の４つのパターンに分類できよう。

　　A：子音（初声）＋母音（中声）

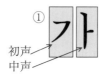

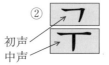

　　B：子音（初声）＋母音（中声）＋子音（終声）

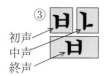

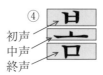

▶▶ 学習ポイント

●「ㄱ」と「ㅋ」の書き方

① 上と下に組み合わせる場合は、真っ直ぐ書く。

　　例　국（汁）、코（鼻）、부엌（台所）

② 横に組み合わせる場合は、斜めに書く

　　例　가위（ハサミ）、김（海苔）、키（背丈）、칼（刃物）

● 書く際の注意事項

　ス→ㅈ、ㅊ→ㅊ、ㅎ→ㅎと書くこともある。

● 子音の覚え方

　子音字に母音字「ㅏ」を組み合わせて発音し、子音字の音感を習得してから母音字の「ㅏ」を除けば良い。

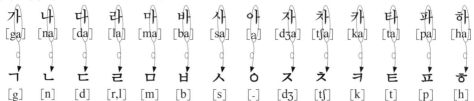

≫ 発音ポイント

● 「ㅢ」及び「의」の発音

① 語頭の「의」は、[ㅢ / ɰi] で発音

例　의사（医者）[의사 / ɰi sa]

② 語頭以外の「의」は、[ㅢ / ɰi] または [ㅣ / i] で発音

例　모의（模擬）[모의 / mo ɰi]・[모이 / mo i]

③ 子音を初声にもつ「ㅢ」の音節は、[ㅣ /i] で発音

例　희다（白い）[히다 / hi da]、유희（遊戯）[유히 / ju hi]

④ 助詞の「의」は、[ㅢ / ɰi] または [ㅔ /e] で発音

例　우리의（我々の）[우리의 / u li ɰi]・[우리에 / u li e]

● 用言の活用にみる「져」・「쪄」・「쳐」は [저]・[쩌]・[처] で発音する。

가져（持って）[가저 / ga dʒɔ]

쪄（蒸して）[쩌 / 'tʃɔ]

다쳐（怪我して）[다처 / da tʃɔ]

● 「여」・「례」以外の「ㅖ / je」は「ㅔ / e」とも発音する。

계시다（いらっしゃる）[계시다 / gje si da]・[게시다 / ge si da]

시계（時計）[시계 / si gje]・[시게 / si ge]

개폐（開閉）[개폐 / gɛ pje]・[개페 / gɛ pe]

지혜（知恵）[지혜 /dʒi hje]・[지헤 / dʒi he]

● 「- 어」・「- 오」は、[- 어 /-ɔ]・[- 오 /-o] の発音が原則であるが、[- 여 /-jɔ]・[- 요 /-jo] の発音も認める。

되어（なって）[되어 / dwe ɔ]・[되여 / dwe jɔ]

피어（咲いて）[피어 / pi ɔ]・[피여 / pi jɔ]

이오（－だよ）[이오 / i o]・[이요 / i jo]

아니오（いいえ）[아니오 / a ni o]・[아니요 / a ni jo]

単純母音字・複合母音字と子音字の組み合わせの発音

1 子音と単純母音を組み合わせて、発音しながら書きなさい。

	ㅏ	ㅑ	ㅓ	ㅕ	ㅗ	ㅛ	ㅜ	ㅠ	ㅡ	ㅣ
ㄱ										
ㄴ										
ㄷ										
ㄹ										
ㅁ										
ㅂ										
ㅅ										
ㅇ										
ㅈ										
ㅊ										
ㅋ										
ㅌ										
ㅍ										
ㅎ										

2 子音と複合母音を組み合わせて、発音しながら書きなさい。

	ㅐ	ㅒ	ㅔ	ㅖ	ㅘ	ㅙ	ㅚ	ㅝ	ㅞ	ㅟ	ㅢ
ㄱ											
ㄴ											
ㄷ											
ㄹ											
ㅁ											

ㅂ										
ㅅ										
ㅇ										
ㅈ										
ㅊ										
ㅋ										
ㅌ										
ㅍ										
ㅎ										

3 「의」及び「ㅢ」の発音に注意し、発音しながら書きなさい。

(1) 의사 (医者) [의사 / ɰi sa]

_____   _____   _____

(2) 유의 (留意) [유의 / ju ɰi]・[유이 / ju i]

_____   _____   _____

(3) 희미하다 (微かだ) [히미하다 / hi mi ha da]

_____   _____   _____

(4) 나의 (僕の) [나의 / na ɰi]・[나에 / na e]

_____   _____   _____

4 次の単語を発音しながら書きなさい (子音と単純母音の組み合わせ)。

(1) 가구 (家具) [ga gu]

_____   _____   _____

(2) 나라 (国) [na la]

_____ _____ _____

(3) 도시 (都市) [do si]

_____ _____ _____

(4) 라디오 (ラジオ) [ra di o]

_____ _____ _____

(5) 모자 (帽子) [mo dʒa]

_____ _____ _____

(6) 비누 (石鹸) [bi nu]

_____ _____ _____

(7) 소고기 (牛肉) [so go gi]

_____ _____ _____

(8) 주소 (住所) [dʒu so]

_____ _____ _____

5 次の単語を発音しながら書きなさい（子音と複合母音の組み合わせ）。

(1) 과자 (菓子) [gwa dʒa]

_____ _____

(2) 내부 (内部) [nɛ bu]

_____ _____

(3) 돼지 (豚) [dwɛ dʒi]

_____ _____

（4）무게（重さ）[mu ge]

_____　_____　_____

（5）배우（俳優）[bɛ u]

_____　_____　_____

（6）사과（リンゴ）[sa gwa]

_____　_____　_____

（7）예습（予習）[je sɯb]

_____　_____　_____

（8）재료（材料）[dʒɛ ljo]

_____　_____　_____

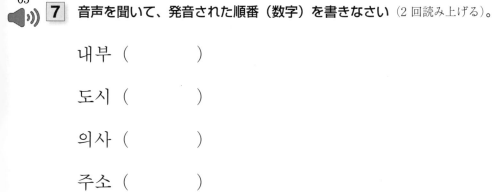

04 **6** 音声を聞いて書き取りなさい。

① ② ③ ④ ⑤ ⑥ ⑦ ⑧ ⑨ ⑩ ⑪ ⑫ ⑬ ⑭

05 **7** 音声を聞いて、発音された順番（数字）を書きなさい（2回読み上げる）。

내부（　　　　）

도시（　　　　）

의사（　　　　）

주소（　　　　）

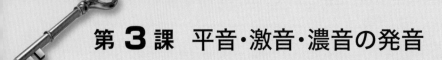

第 **3** 課　平音・激音・濃音の発音

✅ **授業内容**：平音・激音・濃音の発音を学習する。

✅ **授業目標**：平音・激音・濃音の発音とその聞き取りができる。

＊ 平音・激音・濃音の対比

平音	ㄱ [g]	ㄷ [d]	ㅂ [b]	ㅅ [s]	ㅈ [dʒ]	
激音	ㅋ [k]	ㅌ [t]	ㅍ [p]		ㅊ [tʃ]	ㅎ [h]
濃音	ㄲ [ˈk]	ㄸ [ˈt]	ㅃ [ˈp]	ㅆ [ˈs]	ㅉ [ˈtʃ]	

＊ 濃音は、基本子音字（14 個）には入っていないが、子音の仲間である。平音のㄱ・ㄷ・ㅂ・ㅅ・ㅈを二つ並べて、ㄲ・ㄸ・ㅃ・ㅆ・ㅉと表記する。

≫ 学習ポイント

06 🔊

● 平音・激音・濃音と母音「ㅏ」を組み合わせて発音

平音	가 [ga]	다 [da]	바 [ba]	사 [sa]	자 [dʒa]	
激音	카 [ka]	타 [ta]	파 [pa]		차 [tʃa]	하 [ha]
濃音	까 [ˈka]	따 [ˈta]	빠 [ˈpa]	싸 [ˈsa]	짜 [ˈtʃa]	

● 平音（平音＋ㅏ）

가　다　바　사　자

① 平音はアクセントをつけずに平坦に発音する。

②「ㅅ」を除く「ㄱ、ㄷ、ㅂ、ㅈ」の平音は語頭と語中の区別をほとんどせずに発音する。

③ 日本語の濁音を「さり気なく」（弱めに）発音する。

● 激音（激音＋ト）

차　카　타　파　하

① 激音にはアクセントをつけて発音する。

② 息を吐き出し、つばが飛び出るような感じで発音する。

● 濃音（濃音＋ト）

까　따　빠　싸　짜

みっか　やった　はっぱ　てっさ　めっちゃ

① 濃音にはアクセントをつけて発音する。

② 語頭に日本語の促音「っ」があるかのように発音する。

③ 息は出さないように発音する。

④ つばが飛び出ないように発音する。

※ 韓国語の平音は、語頭、語中の区別をせず、「**語頭と語中のいずれも"さりげなく濁音"のような発音をする**」という学習方法にすれば、より平音に近い発音 平音・激音・濃音の発音ができる。従来通りの子音の発音記号や、平音を語頭と語中で区別する方法では、書き取りの際、例えば가수（歌手）を「카수」、다리（橋、足）を「타리」、비（雨）を「피」、저（私）を「처」、잡채（韓国はるさめ）を「잡채」と書いたりする学習者が多い。しかし、本書の提案にしたがい学習した学習者は、上記のような書き間違いはほとんどせず、平音・激音・濃音の発音も正確にできるようになる。

경복궁 근정전 （景福宮 勤政殿）

景福宮の所在地：ソウル特別市 鐘路区 社稷路 161
朝鮮時代の太祖 4（1395）年に建立された宮殿
p35「ソウルの区地図」を併せて参照

1 次の単語を発音しながら書きなさい（平音・激音・濃音と単純母音の組み合わせ）。

(1) 가（行け）[ga]

　　카（英語の自動車の意味）[ka]

　　까（剥け）['ka]

(2) 다（すべて）[da]

　　타（乗れ）[ta]

　　따（獲れ）['ta]

(3) 비（雨）[bi]

　　피（血）[pi]

　　삐（騒音の一種）['pi]

(4) 시（時）[si]

　　씨（氏）['si]

(5) 저（私）[dʒɔ]

　　처（妻）[tʃɔ]

　　쩌（蒸せ）['tʃɔ]

2 次の単語を発音しながら書きなさい（激音と母音の組み合わせ）。

（1）기차 （汽車）［gi tʃa］

_____　　_____　　_____

（2）스키 （スキー）［su ki］

_____　　_____　　_____

（3）우표 （切手）［u pjo］

_____　　_____　　_____

（4）지하 （地下）［dʒi ha］

_____　　_____　　_____

（5）채소 （野菜）［tʃɛ so］

_____　　_____　　_____

（6）크기 （大きさ）［kɯ gi］

_____　　_____　　_____

（7）포도 （葡萄）［po do］

_____　　_____　　_____

（8）화가 （画家）［hwa ga］

_____　　_____　　_____

3 次の単語を発音しながら書きなさい（濃音と母音の組み合わせ）。

（1）때로 （たまに）［ˀtɛ lo］

_____　　_____

（2）새끼 （動物の子）［sɛ ˀki］

_____　　_____

（3）쓰레기 （ごみ）［ˀsɯ le gi］

_____　　_____

（4）아까 （先ほど）［a ˀka］

_____　　_____

（5）아저씨 （おじさん）［a dʒɔ 'si］

_____   _____   _____

（6）어깨 （肩）［ɔ 'kɛ］

_____   _____   _____

（7）오빠 （兄さん）［o 'pa］

_____   _____   _____

（8）이따가 （後ほど）［i 'ta ga］

_____   _____   _____

07

🔊 **4** 音声を聞いて書き取りなさい（2回読み上げる）。

（1）_____   _____   _____

（2）_____   _____   _____

（3）_____   _____   _____

경희궁 숭정전 （慶熙宮 崇政殿）

慶熙宮の所在地：ソウル特別市 鐘路区 セムンアン路 45
朝鮮時代の仁祖元 （1623）年に建てられた宮殿
p35「ソウルの区地図」を併せて参照

韓国全図

ロシア

咸鏡北道

中華人民共和国

両江道

慈江道

咸鏡南道

平安北道

平安南道

朝鮮民主主義人民共和国

江原道

黄海南道

黄海北道

江原道

ソウル

金浦国際空港
Nソウルタワー

仁川国際空港1・2 — 仁川

京畿道

大韓民国

忠清北道

忠清南道

慶尚北道

大邱国際空港
大邱83タワー

大邱

全羅北道

慶尚南道

金海国際空港

金海

釜山タワー

釜山

全羅南道

済州道

済州国際空港

対馬

日本

新版 韓国理解への鍵　　23

第 **4** 課 7つの代表音・連音化

- 授業内容：7つの代表音・連音化とその発音を学習する。
- 授業目標：7つの代表音・連音化に基づく発音とその聞き取りができる。

---

1 7つの代表音

　　初声＋中声＋終声という形の文字において、以下でみるような様々な終声（バッチム）があるが、これらは最終的には［ㄱ、ㄴ、ㄷ、ㄹ、ㅁ、ㅂ、ㅇ］の7つの代表音に分類される。

● 文字の構造

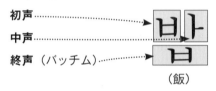

初声 ・・・・・・・・・・・・・・・→
中声 ・・・・・・・・・・・・・・・→
終声（バッチム）・・・・→
（飯）

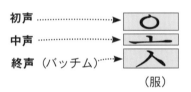

初声 ・・・・・・・・・・・・・・・→
中声 ・・・・・・・・・・・・・・・→
終声（バッチム）・・・・→
（服）

終声（バッチム）	→代表音
ㄱ、ㅋ、ㄲ、ㄳ、ㄺ	→［ㄱ］
ㄴ、ㄵ、ㄶ	→［ㄴ］
ㄷ、ㅅ、ㅈ、ㅊ、ㅌ、ㅎ、ㅆ	→［ㄷ］
ㄹ、ㄼ、ㄽ、ㄾ、ㅀ	→［ㄹ］
ㅁ、ㄻ	→［ㅁ］
ㅂ、ㅍ、ㅄ、ㄼ、ㄿ	→［ㅂ］
ㅇ	→［ㅇ］

〈参考〉

● ７つの代表音の発音

[ㄱ]　　　[ㄴ]　　　[ㄷ]　　　[ㄹ]　　　[ㅁ]　　　[ㅂ]　　　[ㅇ]

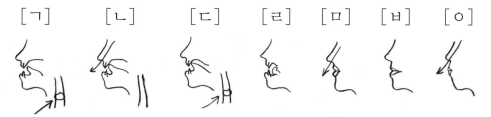

息を止める　　　　　　息を止める　　　　　　　　　　　　　唇を丸く

- 代表音 [ㄱ]：口を少し開け、舌は口の中のどこにも当たらないように浮かばせて、喉を閉じて息を止める。
- 代表音 [ㄴ]：口を少し開け、舌先を上前歯の裏にあてながら、鼻から音を出すようににする〈以下の「さんのみや」発音参照〉。
- 代表音 [ㄷ]：口を少し開け、舌先を上前歯の裏にあてて、喉から出てくる息を止める。
- 代表音 [ㄹ]：口を少し開け、舌先を軽く巻き上げて、口内の天井に当てて息を出す。
- 代表音 [ㅁ]：唇を閉じて、喉からの息を鼻に出しながら鼻音にする（以下の「なんば」の発音参照）。
- 代表音 [ㅂ]：息が口外に出ないよう、唇を閉じて止める。
- 代表音 [ㅇ]：口を丸くして、舌は口の中に浮かばせ、喉からの息で鼻を振動させながら喉から息も出す（以下の「こんや」の発音参照）。

● 終声（バッチム）[ㄴ[n]]・[ㅁ[m]]・[ㅇ[ŋ]] の発音のコツ

＊バッチムの [ㄴ] は、「さんのみや（三宮）」の「ん」のように発音する。

＊バッチムの [ㅁ] は、「なんば（難波）」の「ん」のように発音する。

＊バッチムの [ㅇ] は、「まんが（漫画）」の「ん」のように発音する。

2　連音化

● 連音化が起こる条件

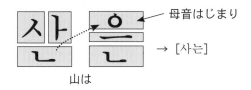

母音はじまり

→ [사는]

山は

● 連音化とは

終声（バッチム）が後続する音節の初声「ㅇ」、つまり母音と結合して発音されることを意味する。発音規則における「−化」とは、前の文字やバッチムが後続の初声と結合、脱落するなどして表記とは異なる音に変化することを意味する。表記に一切変化はないという点に注意することが重要である。

※『ハングル綴字法（한글 맞춤법）』には「標準語を発音通り書くが、語法に合わせるのを原則とする（표준어를 소리대로 적되, 어법에 맞도록 함을 원칙으로 한다）」と定めている。つまり、表記と代表音による発音との間に差があることを指しているが、表記にあたっては発音通りではなく、綴字法の規則に基づいて書くのが原則である。例えば、「꽃（花）」は、発音は［꼳］であっても、表記するときは「꽃」と記すのである。

● 連音化の原則

〈終声（バッチム一つ）＋「ㅇ」〉
・大原則：終声（バッチム）を後続の初声「ㅇ」（無音）に移動させて発音
例外① バッチム「ㅇ」＋初声「ㅇ」→バッチム「ㅇ」＋初声「ㅇ」
例外② バッチム「ㅎ」＋初声「ㅇ」→バッチム「×」＋初声「ㅇ」
例外③ バッチム「ㄷ、ㅌ」＋母音「이」→バッチム「×」＋［지、치］：口蓋音化

〈終声（バッチム二つ）＋「ㅇ」〉
・大原則：二つの終声（バッチム）のうち、前のバッチムを残して、後ろのバッチムを後続する初声に移動させて発音
例外 バッチム「ㄲ、ㅆ」＋初声「ㅇ」→バッチム「×」＋初声「ㅆ」

代表音の原則

① 「ㄲ、ㅋ」、「ㅅ、ㅆ、ㅈ、ㅊ、ㅌ」、「ㅍ」が終声（バッチム）にきた場合、または後続する初声が子音の場合は、それぞれ代表音として［ㄱ］、［ㄷ］、［ㅂ］と発音する。

例 닦다（磨く）：닦다→닥다→［닥따］*〈濃音化参照〉

서녘（西方）：서녘→［서녁］

맛（味）：맛→［맏］

있다（ある、いる）：있다→잇다→［읻따］*〈濃音化参照〉

곶（岬）：곶→［곧］

및（及び）：및→［믿］

솥（釜）：솥→［솓］

짚（ワラ）:짚→［집］

② 二つのバッチム「ㄱㅅ」、「ㄴㅅ」、「ㄹㅐ、ㄹㅅ、ㄹㅌ、ㅂㅅ」は単語の末音、または後続する初声が子音の場合は、それぞれ代表音の［ㄱ］、［ㄴ］、［ㄹ］、［ㅂ］で発音する。

例　넋（魂）:넋→［넉］

앉다（座る）:앉다→안ㅅ＋다→［안따］＊〈濃音化参照〉

여덟（八）:여덟→［여덜］

외곬（一筋に）:외곬→［외골］

핥다（舐める）:핥다→할ㅌ＋다→［할따］＊〈濃音化参照〉

값（値段）:값→［갑］

但し、「밟 -」は後続に子音が結合すると、［밥］と発音する。そして「넓 -」は次の場合は［넙］と発音する。

例　밟다（踏む）:밟다→밥다→［밥따］＊〈濃音化参照〉

밟소（踏むよ）:밟소→밥소→［밥쏘］＊〈濃音化参照〉

넓죽이（平たく）:넓죽이→넙죽이→［넙쭈기］＊〈濃音化参照〉

넓둥글다（平たくて丸い）:넓둥글다→넙둥글다→［넙뚱글다］＊〈濃音化参照〉

③ バッチム「ㄹㄱ」、「ㄹㅁ」、「ㄹㅍ」、そしてこれらに後続する初声が子音の場合は、それぞれ代表音として［ㄱ］、［ㅁ］、［ㅂ］と発音する。

例　닭（鶏）:닭→［닥］

삶（営み）:삶→［삼］

읊다（詠ずる）:읊다→읍다→［읍따］＊〈濃音化参照〉

但し、バッチム「ㄹㄱ」は、後続する初声が「ㄱ」の場合、前のバッチム「ㄹ」を残し、後ろの初声「ㄱ」は後続の初声「ㄱ」と結合して濃音化を起こす。

例　맑게（清く）:맑게→말ㄱ＋게→［말께］＊〈濃音化参照〉

묽고（薄くて）:묽고→물ㄱ＋고→［물꼬］＊〈濃音化参照〉

● 連音化と代表音

終声（バッチム）と後続する初声が結合する場合、①終声が代表音に変わって後続する初声と結合、②終声の形のまま後続する初声と結合、そして③終声の代表音でも終声のままでもない形で結合するケースがある。

① 부엌위（台所の上）:부엌위→［부어귀］

② 앞에（前に）:앞에→［아페］

③ 굳이（強いて）:굳이→［구지］

● 終声（バッチム一つ）＋「ㅇ」の場合

大原則：終声（バッチム）を後続の初声「ㅇ」（無音）に移動させて発音する（終声法則による代表音への置き換えはしない）。

> 例　국어（国語）：국어→［구거］

〈例外①〉　バッチム「ㅇ」に後続する初声「ㅇ」と結合して、バッチム「ㅇ」と初声「ㅇ」は移動させずそのままになる。
つまり、**バッチム「ㅇ」＋初声「ㅇ」→バッチム「ㅇ」＋初声「ㅇ」**となる。

> 例　종이（紙）：종이→［조이］（×）→［종이］（○）

〈例外②〉　バッチム「ㅎ」に後続する初声「ㅇ」との結合で、バッチム「ㅎ」は発音しない。
つまり、**バッチム「ㅎ」＋初声「ㅇ」→バッチム「×」＋初声「ㅇ」**となる。

> 例　좋아（好きだ）：좋아→［조하］（×）→［조아］（○）

〈例外③〉　バッチム「ㄷ、ㅌ」に母音「이」が後続する場合、上の原則ではなく、バッチム「ㄷ、ㅌ」が後続の初声に移動するものの、「ㅈ、ㅊ」に変わる。すなわち、バッチム「ㄷ、ㅌ」が後続の母音「이」と結合して［디、티］ではなく、［지、치］と発音する。これを「**口蓋音化**」という。
つまり、**バッチム「ㄷ、ㅌ」＋母音「이」→バッチム「×」＋「ㅈ、ㅊ」**となる。

> 例　굳이（強いて）：굳이→구디（×）→［구지］（○）

같이（一緒に）：같이→가티（×）→［가치］（○）

但し、バッチム「ㄷ」に後続する「히（接尾辞・受身・使役）」は［티］ではなく、［치］と発音する。

> 例　걷히다（晴れる）：걷히다→거티다（×）→［거치다］（○）
>
> 굳히다（固める）：굳히다→구티다（×）→［구치다］（○）
>
> 닫히다（閉まる）：닫히다→다티다（×）→［다치다］（○）
>
> 묻히다（埋もれる）：묻히다→무티다（×）→［무치다］（○）

〈例外④〉　終声に後続する初声が「아、어、오、우、위」で始まる名詞・動詞・形容詞・副詞の実質形態素が繋がる場合は、代表音に替えて初声に移動させて発音する。

> 例　밭 아래（畑の下）：밭 아래→받아래→［바다래］
>
> 맛있다（美味しい）：맛있다→맏있다→［마딛따］ ＊〈濃音化参照〉
>
> 값어치（値打ち）：값어치→갑어치→［가버치］

但し、「맛있다」（美味しい）、「멋있다」（素敵だ）は［마싣따］、［머싣따］とも発音することができる。

〈例外⑤〉 ハングルの子音の名称は、そのバッチム「ㄷ、ㅅ、ㅊ、ㅋ、ㅌ、ㅍ、ㅎ」が連音化する時、例外的に次のように発音する。〈子音の名称は、第4課の練習問題3参照〉

例 디귿이 （ㄷは）：디귿이→［디그시］

지읒이 （ㅈは）：지읒이→［지으시］

치읓이 （ㅊは）：치읓이→［치으시］

키읔이 （ㅋは）：키읔이→［키으기］

티읕이 （ㅌは）：티읕이→［티으시］

피읖이 （ㅍは）：피읖이→［피으비］

히읗이 （ㅎは）：히읗이→［히으시］

디귿을 （ㄷを）：디귿을→［디그슬］

지읒을 （ㅈを）：지읒을→［지으슬］

치읓을 （ㅊを）：치읓을→［치으슬］

키읔을 （ㅋを）：키읔을→［키으글］

티읕을 （ㅌを）：티읕을→［티으슬］

피읖을 （ㅍを）：피읖을→［피으블］

히읗을 （ㅎを）：히읗을→［히으슬］

디귿에 （ㄷに）：디귿에→［디그세］

지읒에 （ㅈに）：지읒에→［지으세］

치읓에 （ㅊに）：치읓에→［치으세］

키읔에 （ㅋに）：키읔에→［키으게］

티읕에 （ㅌに）：티읕에→［티으세］

피읖에 （ㅍに）：피읖에→［피으베］

히읗에 （ㅎに）：히읗에→［히으세］

● **終声（二つ）＋「ㅇ」の場合**

大原則として二つの終声（バッチム）のうち、前のバッチムを残して、後ろのバッチムを後続する初声に移動して発音する。なお、移動した後もバッチム（一つ）＋子音が種々の後述の条件に当てはまる場合は、発音の変化〈第5課参照〉が起こることもある。

例 넋이 （魂が）：넋이→넉ㅅ＋이→넉시→［넉씨］ *〈濃音化参照〉

　　 앉아서 （座って）：앉아서→안ㅈ＋아서→［안자서］

　　 많아서 （多くて）：많아서→만ㅎ＋아서→만아서→［마나서］

　　 흙이 （土が）：흙이→흘ㄱ＋이→［흘기］

　　 옮아요 （移ります）：옮아요→올ㅁ＋아요→［올마요］

　　 밟아요 （踏みます）：밟아요→발ㅂ＋아요→［발바요］

　　 핥아요 （舐めます）：핥아요→할ㅌ＋아요→［할타요］

　　 읊어요 （詠います）：읊어요→을ㅍ＋어요→［을퍼요］

　　 끓어요 （沸きます）：끓어요→끌ㅎ＋어요→끌어요→［끄러요］

　　 값이 （値は）：값이→갑ㅅ＋이→갑시→［갑씨］ *〈濃音化参照〉

　但し、二つのバッチム（特に同じもの「ㄲ、ㅆ」）が後続する初声の母音と結合する場合は、二つのバッチムを移動させて発音する。

例 꺾어서 （折って）：꺾어서→［꺼꺼서］

　　 섰어요 （立ちました）：섰어요→［서써요］

　　 있어 （あるよ）：있어→［이써］

練習問題

1 代表音に注意しながら読みなさい。

（1）代表音［ㄱ］

　　 역 （駅)

（2）代表音［ㄴ］

　　 산 （山)

（3）代表音［ㄷ］

　　 곧 （すぐ)

（4）代表音［ㄹ］

　　 줄 （縄)

（5）代表音［ㅁ］

　　 짐 （荷物)

（6）代表音［ㅂ］

밥（飯）

（7）代表音［ㅇ］

병（瓶）

2　終声の代表音に注意しながら発音しなさい。

（1）깃（襟）［긷］

（2）곶（岬）［곧］

（3）및（及び）［믿］

（4）부엌（台所）［부억］

（5）밭（畑）［받］

（6）앞（前）［압］

（7）히읗（ㅎ）［히은］

08

3　子音の名称を読みなさい。

（1）ㄱ（기역）

（2）ㄴ（니은）

（3）ㄷ（디귿）

（4）ㄹ（리을）

（5）ㅁ（미음）

（6）ㅂ（비읍）

（7）ㅅ（시옷）［시온］

（8）ㅇ（이응）

（9）ㅈ（지읒）［지은］

（10）ㅊ（치읓）［치은］

（11）ㅋ（키읔）［키윽］

（12）ㅌ（티읕）［티은］

(13) ㅍ (피읖) [피읍]

(14) ㅎ (히읗) [히은]

(15) ㄲ (쌍기역)

(16) ㄸ (쌍디귿)

(17) ㅃ (쌍비읍)

(18) ㅆ (쌍시옷) [쌍시온]

(19) ㅉ (쌍지읒) [쌍지은]

4 発音規則に基づき、次の単語を読みながら書きなさい。

（1） 놀이 (遊び) : 놀이→ [노리]

_____ _____ _____

（2） 높이 (高さ) : 높이→ [노피]

_____ _____ _____

（3） 단어 (単語) : 단어→ [다너]

_____ _____ _____

（4） 집이 (家が) : 집이→ [지비]

_____ _____ _____

（5） 앉아서 (座って) : 앉아서→안ㅈ + 아서→ [안자서]

_____ _____ _____

（6） 젊어서 (若くて) : 젊어서→절ㅁ + 어서→ [절머서]

_____ _____ _____

5 発音規則に基づき、次の単語を読みながら書きなさい。

（１）낳은（生んだ-）：낳은→나흔（×）→ ［나은］

_____　　_____　　_____

（２）놓아（置いて）：놓아→노하（×）→ ［노아］

_____　　_____　　_____

（３）쌓이다（積もる）：쌓이다→싸히다（×）→ ［싸이다］

_____　　_____　　_____

（４）좋아하다（好きだ）：좋아하다→조하하다（×）→ ［조아하다］

_____　　_____　　_____

6 発音規則に基づき、次の単語を読みながら書きなさい。

（１）강아지（子犬）

_____　　_____　　_____

（２）고양이（猫）

_____　　_____　　_____

（３）영어（英語）

_____　　_____　　_____

（４）종이（紙）

_____　　_____　　_____

7 発音規則（口蓋音化）に基づき、次の単語を読みながら書きなさい。

（１）같이（一緒に）：같이→가티（×）→ ［가치］

_____　　_____　　_____

（２）굳이（敢えて）：굳이→구디（×）→ ［구지］

_____　　_____　　_____

（3）미닫이 （引き戸）：미닫이→미다디（×）→［미다지］

_____   _____   _____

（4）붙이다 （貼る）：붙이다→부티다（×）→［부치다］

_____   _____   _____

09

8 音声を聞いて発音された順番（数字）を書きなさい（2回読み上げる）。

같이 （　　　　　）

영어 （　　　　　）

단어 （　　　　　）

놓아 （　　　　　）

창덕궁 인정전 （昌徳宮 仁政殿）

昌徳宮の所在地：ソウル特別市 鐘路区 栗谷路99
朝鮮時代の太宗5（1405）年に建立した宮殿
昌徳宮は1997年、世界文化遺産に指定
p35「ソウルの区地図」を併せて参照

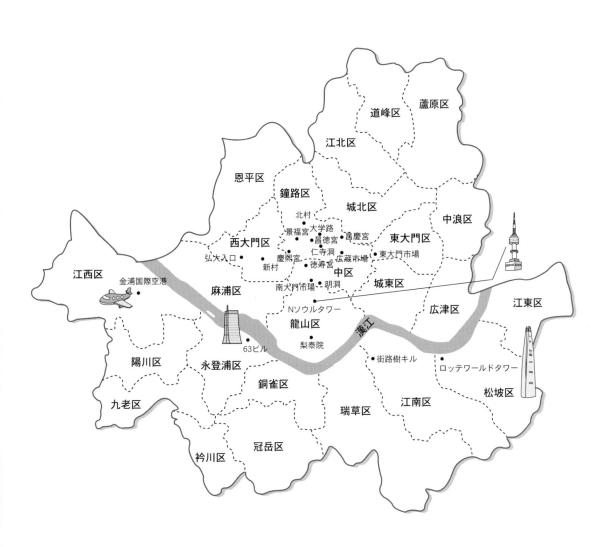

ソウルの区地図

第 **5** 課　濃音化・激音化・鼻音化・流音化

☑ **授業内容**：濃音化・激音化・鼻音化・流音化とその発音を学習する。

☑ **授業目標**：濃音化・激音化・鼻音化・流音化の発音とその聞き取りができる。

● **濃音化・激音化・鼻音化・流音化**

・濃音化：終声＋初声「ㄱ、ㄷ、ㅂ、ㅅ、ㅈ」→終声＋初声［ㄲ、ㄸ、ㅃ、ㅆ、ㅉ］

・激音化：終声「ㅎ」＋初声「ㄱ、ㄷ、ㅂ、ㅈ」

　　　　　終声「ㄱ、ㄷ、ㅂ、ㅈ」＋初声「ㅎ」

　　　　　→初声［ㅋ、ㅌ、ㅍ、ㅊ］

・鼻音化：終声「ㄱ、ㄷ、ㅂ」＋初声「ㄴ、ㅁ」→終声［ㅇ、ㄴ、ㅁ］＋初声「ㄴ、ㅁ」

　　　　　終声「ㅁ、ㅇ」＋初声「ㄹ」→終声「ㅁ、ㅇ」＋初声［ㄴ］

　　　　　終声「ㄱ、ㅂ」＋初声「ㄹ」→終声［ㅁ、ㅇ］＋初声［ㄴ］

・流音化：終声「ㄴ」＋初声「ㄹ」→終声［ㄹ］＋初声［ㄹ］

　　　　　終声「ㄹ」＋初声「ㄴ」→終声「ㄹ」＋初声［ㄹ］

● 「濃音化・激音化・鼻音化・流音化」における「―化」とは、文字の形では濃音・激音・鼻音・流音ではないにも関わらず、終声（パッチム）が後続する初声と結合して、発音する上で濃音・激音・鼻音・流音になる発音現象を意味する。

≫ 発音のポイント

● **濃音化・激音化・鼻音化・流音化**

・ **終声（パッチム一つ）＋子音の場合**

　　パッチムと後続する初声が、以下のそれぞれの条件に当てはまる場合、それぞれにしたがって発音する。

・ **終声（パッチム二つ）＋子音の場合**

　　「パッチム二つ」＋「ㅇ」の場合における大原則のように、二つの終声のうち、前のパッチムは残して、後ろのパッチムを後続する初声に移動させて発音するが、後ろのパッチムは後続する初声に結合させて発音する。

① 濃音化

a. バッチム「ㄱ（ㄲ、ㅋ、ㄳ、ㄺ）」、「ㄷ（ㅅ、ㅆ、ㅈ、ㅊ、ㅌ）、「ㅂ（ㅍ、ㄼ、ㄿ、ㅄ）」に後続する初声の「ㄱ、ㄷ、ㅂ、ㅅ、ㅈ」と結合して、バッチムは［代表音：ㄱ、ㄷ、ㅂ］になり、初声は［ㄲ、ㄸ、ㅃ、ㅆ、ㅉ］と発音される。

> 終声 { 「ㄱ（ㄲ、ㅋ、ㄳ、ㄺ）」
> 　　　「ㄷ（ㅅ、ㅆ、ㅈ、ㅊ、ㅌ）」＋初声「ㄱ、ㄷ、ㅂ、ㅅ、ㅈ」
> 　　　「ㅂ（ㅍ、ㄼ、ㄿ、ㅄ）」
> →終声「ㄱ、ㄷ、ㅂ」＋初声「ㄲ、ㄸ、ㅃ、ㅆ、ㅉ」

例
맥주（ビール）：맥주→［맥쭈］

듣기（聞き取り）：듣기→［듣끼］

입구（入口）：입구→［입꾸］

섞다（混ぜる）：섞다→석다→［석따］

서녘비（西の雨）：서녘비→서녁비→［서녁삐］

삯돈（報酬）：삯돈→삭돈→［삭똔］

닭고기（鶏肉）：닭고기→닥고기→［닥꼬기］

옷보자기（服を包む風呂敷）：옷보자기→옫보자기→［옫뽀자기］

있다（いる、ある）：있다→읻다→［읻따］

꽂다（刺す）：꽂다→꼳다→［꼳따］

몇개（何個）：몇개→멷개→［멷깨］

밑지다（損をする）：밑지다→믿지다→［믿찌따］

덮개（蓋）：덮개→덥개→［덥깨］

넓적이（平たい顔の人）：넓적이→넙저기→［넙쩌기］

읊조리다（詠ずる）：읊조리다→읖조리다→읍조리다→［읍쪼리다］

값지다（値打ちがある）：값지다→갑지다→［갑찌다］

b. 語幹の終声「ㄴ（ㄵ）、ㅁ（ㄻ）」に後続する初声「ㄱ、ㄷ、ㅅ、ㅈ」は、発音が［ㄲ、ㄸ、ㅆ、ㅉ］となる。

> 終声「ㄴ（ㄵ）、ㅁ（ㄻ）」＋初声「ㄱ、ㄷ、ㅅ、ㅈ」
> →終声［ㄴ（ㄵ）、ㅁ（ㄻ）］＋初声［ㄲ、ㄸ、ㅆ、ㅉ］

例 신다 （履く）：신다→ ［신따］

  삼고 （見なして）：삼고→ ［삼꼬］

  앉고 （座って）：앉고→안고→ ［안꼬］

  닮다 （似る）：닮다→담다→ ［담따］

但し、受身・使役の接尾辞の「−기」は濃音発音をしない。

例 안기다 （抱かれる）：안기다→안끼다 （×） → ［안기다］ （○）

  감기다 （絡まる）：감기다→감끼다 （×） → ［감기다］ （○）

  옮기다 （移す）：옮기다→옴끼다 （×） → ［옴기다］ （○）

c. 語幹のバッチム「ᆲ、ᆴ」に後続する初声「ᄀ、ᄃ、ᄉ、ᄌ」は、初声の発音が ［ᄁ、ᄄ、ᄊ、ᄍ］ となる。

> 終声「ᆲ、ᆴ」 ＋ 初声「ᄀ、ᄃ、ᄉ、ᄌ」
>
> → 終声 ［ᄅ］   ＋ 初声 ［ᄁ、ᄄ、ᄊ、ᄍ］

例 넓게 （広く）：넓게→널ᄇ＋게→ ［널께］

  떫지 （渋いよ）：떫지→떨ᄇ＋지→ ［떨찌］

  핥다 （舐める）：핥다→할ᄐ＋다→ ［할따］

  훑소 （隅々まで調べるよ）：훑소→훌ᄐ＋소→ ［훌쏘］

d. 漢字語のバッチム「ᄅ」に後続して、初声「ᄃ、ᄉ、ᄌ」がくると、発音が ［ᄄ、ᄊ、ᄍ］ となる。

> 漢字語の終声「ᄅ」 ＋ 初声「ᄃ、ᄉ、ᄇ」
>
> → 漢字語の終声 ［ᄅ］ ＋ 初声 ［ᄄ、ᄊ、ᄈ］

例 절도 （窃盗）：절도→ ［절또］

  일시 （一時）：일시→ ［일씨］

  물자 （物資）：물자→ ［물짜］

e. 「間のᄉ （사이ᄉ）」が付く単語は次のように発音する。つまり、「間のᄉ （사이ᄉ）」に後続する初声の「ᄀ、ᄃ、ᄇ、ᄉ、ᄌ」は濃音発音を原則とするが、「間のᄉ （사이ᄉ）」は ［ᄃ］ で発音するのも認める。

例 냇가 （川縁）：냇가→ ［내까］、［낻까］

f. 表記の上では、「間の人（사이人）」はないが、本来であれば語句をつなげる機能を持つ「間の人」が入る（休止（Paues）が成立する）合成語の場合、後ろにくる単語の初声が「ㄱ、ㄷ、ㅂ、ㅅ、ㅈ」のいずれかであれば、それぞれ［ㄲ、ㄸ、ㅃ、ㅆ、ㅉ］と発音される。

> **例**　다음주（来週）：다음＋주➡［다음쭈］
>
> 이번달（今月）：이번＋달➡［이번딸］
>
> 비빔밥（ビビンパ、混ぜご飯）：비빔＋밥➡［비빔빱］
>
> 손수건（ハンカチ）：손＋수건➡［손쑤건］

g. 連体形「ーㄹ/을」に後続する初声の「ㄱ、ㄷ、ㅂ、ㅅ、ㅈ」は、その初声がそれぞれ［ㄲ、ㄸ、ㅃ、ㅆ、ㅉ］と発音される。

> 未来連体形「ーㄹ/을」＋初声「ㄱ、ㄷ、ㅂ、ㅅ、ㅈ」
> ➡ 未来連体形［ーㄹ/을］＋初声［ㄲ、ㄸ、ㅃ、ㅆ、ㅉ］

> **例**　할 것을（することを）：할 것을➡［할 꺼슬］
>
> 갈 데가（行くところが）：갈 데가➡［갈 떼가］
>
> 할 바를（することを）：할 바를➡［할 빠를］
>
> 할 수는（することは）：할 수는➡［할 쑤는］
>
> 할 적에（したときに）：할 적에➡［할 쩌게］

● 連音化・濃音化・激音化・流音化・鼻音化は、原則的に「分かち書き」の範囲内で起こるが、休止（Pause）を入れずに、一気に読むときは、「分かち書き」を超えて、起こるときもある。

> **例**　몇 학년입니까（何年生ですか）➡［면탕녀님니까］
>
> 몇 시입니까（何時ですか）➡［면 씨임니까］
>
> 할 것이다（するだろう）➡［할 꺼시다］

② **激音化：** バッチム「ㅎ（ㄶ、ㅀ）」に後続する初声の「ㄱ、ㄷ、ㅈ」と結合する場合は、初声を［ㅋ、ㅌ、ㅊ］で発音する。なお、バッチム「ㄱ（ㄺ）、ㄷ、ㅂ（ㄼ）、ㅈ（ㄵ）」に後続する初声の「ㅎ」と結合する場合も、初声を［ㅋ、ㅌ、ㅍ、ㅊ］で発音する。

> 終声「ㅎ（ㄶ、ㅀ）」 ＋ 初声「ㄱ、ㄷ、ㅂ、ㅈ」
> ➡ 終声［なし］　　　 ＋ 初声［ㅋ、ㅌ、ㅍ、ㅊ］

終声「ㄱ、ㄷ、ㅂ、ㅈ」＋初声「ㅎ」
→ 終声［なし］　　　　　＋初声［ㅋ、ㅌ、ㅍ、ㅊ］

例　놓다（置く）：놓다→［노타］

넣고（多くて）：많고→만ㅎ＋고→［만코］

닳지（すり減るよ）：닳지→달ㅎ＋지→［달치］

먹히다（食われる）：먹히다→［머키다］

밝히다（明かす）：밝히다→발ㄱ＋히다→［발키다］

입후보（立候補）：입후보→［이푸보］

넓히다（広げる）：넓히다→널ㅂ＋히다→［널피다］

젖히다（そり返す）：젖히다→［저치다］

앉히다（座らせる）：앉히다→안ㅈ＋히다→［안치다］

③ **鼻音化**

a. バッチム「ㄱ（ㄲ、ㅋ、ㄳ、ㄺ）、ㄷ（ㅅ、ㅆ、ㅈ、ㅊ、ㅌ、ㅎ）、ㅂ（ㅍ、ㄼ、ㄿ、ㅄ）」は後続する初声「ㄴ、ㅁ」と結合して、バッチムがそれぞれ［ㅇ、ㄴ、ㅁ］で発音される。初声は「ㄴ、ㅁ」のままである。

「ㄱ（ㄲ、ㅋ、ㄳ、ㄺ）」　　　　　　　　　　　　　　［ㅇ］
終声「ㄷ（ㅅ、ㅆ、ㅈ、ㅊ、ㅌ、ㅎ）」＋初声「ㄴ、ㅁ」→終声［ㄴ］＋初声［ㄴ、ㅁ］
「ㅂ（ㅍ、ㄼ、ㄿ、ㅄ）」　　　　　　　　　　　　　　［ㅁ］

例　작년（昨年）：작년→［장년］

믿는다（信じる）：믿는다→［민는다］

입니다（です）：입니다→［임니다］

깎는（削っている－）：깎는→깍는→［깡는］

부엌만（台所だけ）：부엌만→부억만→［부엉만］

몫몫이（一人分ずつ）：몫몫이→목목시→［몽목씨]*〈濃音化も起こる〉

읽는（読んでいる－）：읽는→익는→［잉는］

짓는（造っている－）：짓는→짇는→［진는］

있는（いる－）：있는→읻는→［인는］

짖는（ほえている－）：짖는→짇는→［진는］

빛만（光のみ）：빛만→빋만→［빈만］

40

낱말（単語）：낱말→난말→［난말］

놓는（置いている‐）：놓는→녿는→［논는］

앞마당（前庭）：앞마당→압마당→［암마당］

밟는（踏んでいる‐）：밟는→밥는→［밤는］

읊는（唱えている‐）：읊는→읖는→［음는］

없는（ない‐）：없는→업는→［엄는］

b. バッチム「ㅁ、ㅇ」に後続する初声「ㄹ」の場合、バッチム「ㅁ、ㅇ」と結合して初声を［ㄴ］で発音する。

> 終声「ㅁ、ㅇ」＋初声「ㄹ」
> → 終声［ㅁ、ㅇ］＋初声［ㄴ］

例 심리（心理）：심리→［심니］

　　승리（勝利）：승리→［승니］

c. バッチム「ㄱ、ㅂ」が後続する初声「ㄹ」と結合して、バッチムは［ㅇ、ㅁ］、さらに初声で［ㄴ］に発音される。

> 終声「ㄱ、ㅂ」＋初声「ㄹ」
> → 終声［ㅇ、ㅁ］＋初声［ㄴ］

例 백리（百里）：백리→［뱅니］

　　협력（協力）：협력→［혐녁］

d.「間のㅅ（사이ㅅ）」に後続する初声の「ㄴ、ㅁ」が結合する場合は、バッチムの「間のㅅ（사이ㅅ）」を［ㄴ］で発音する。

> 終声「間のㅅ（사이ㅅ）」＋初声「ㄴ、ㅁ」
> → 終声［ㄴ］　　　　　＋初声［ㄴ、ㅁ］

例 아랫니（下歯）：아랫니→아랟니→［아랜니］

e.「間のㅅ（사이ㅅ）」に後続する初声の「이」が結合する場合は、バッチムの「間のㅅ（사이ㅅ）」を［ㄴ］、初声を［ㄴ］で発音する。

> 終声「間の人（사이人）」　＋初声「이」
> →終声［ㄴ］　　　　　　　＋初声［ㄴ］

例　나뭇잎（木の葉っぱ）：나뭇잎→나묻닙→［나문닙］

④ **流音化**：バッチム「ㄴ」が後続する初声「ㄹ」と結合して、バッチムは［ㄹ］、そして初声はそのまま［ㄹ］で発音する。逆に、バッチム「ㄹ」と後続する初声「ㄴ」が結合する場合も、バッチム「ㄹ」が影響して初声「ㄴ」が［ㄹ］で発音される。

> 終声「ㄴ」＋初声「ㄹ」
> →終声［ㄹ］＋初声［ㄹ］

> 終声「ㄹ」＋初声「ㄴ」
> →終声［ㄹ］＋初声［ㄹ］

例　윤리（倫理）：윤리→［율리］
　　설날（元旦）：설날→［설랄］

なお、バッチム「ㅀ、ㄾ」の次の初声に「ㄴ」がくる時も上に準ずる。

例　닳는（すり減っている－）：닳는→달는→［달른］
　　뚫는（あけている－）：뚫는→뚤는→［뚤른］
　　핥네（舐めるね）：핥네→할네→［할레］

但し、次の単語は「ㄹ」を［ㄴ］で発音する。

> 終声「ㄴ」＋初声「ㄹ」
> →終声［ㄴ］＋初声［ㄴ］

例　의견란（意見欄）：의견란→［의견난］
　　생산량（生産量）：생산량→［생산냥］
　　구근류（球根類）：구근류→［구근뉴］
　　동원령（動員令）：동원령→［동원녕］
　　이원론（二元論）：이원론→［이원논］

⑤ 「ㄴ [n]」添加：合成語や派生語の前の単語、あるいは接頭辞の末音が子音、それに後続する単語や接尾辞の初声が「이、야、여、요、유」の場合は、「ㄴ [n]」音を加えて［니、냐、녀、뇨、뉴］で発音する。

> 合成語、派生語、接頭辞（子音）＋初声「이、야、여、요、유」
> →合成語、派生語、接頭辞（子音）＋初声［니、냐、녀、뇨、뉴］

例　솜이불（綿入れの布団）：솜이불→［솜니불］
　　한여름（真夏）：한여름→［한녀름］
　　담요（毛布）：담요→［담뇨］
　　식용유（食用油）：식용유→［시굥뉴］

但し、終声「ㄹ」に後続する初声の「이、야、여、요、유」は、「ㄴ [n]」音を加えて、さらに「ㄹ [r・l]」の［리、랴、려、료、류］で発音する。

> 終声「ㄹ」＋初声「이、야、여、요、유」
> →終声「ㄹ」＋（ㄴ添加→ㄹ）
> →終声［ㄹ］＋初声［리、랴、려、료、류］

例　볼일（用事）：볼일→볼닐→［볼릴］
　　물약（水薬）：물약→물냑→［물략］
　　서울역（ソウル駅）：서울역→서울녁→［서울력］
　　휘발유（ガソリン）：휘발유→휘발뉴→［휘발류］

⑥ **頭音法則**：漢字語の初声にくる「ㄴ [n]」は「ㅇ」、そして「ㄹ [r]」は「ㄴ [n]」と表記する。つまり、漢字語の「녀，뇨，뉴，니」が語頭にくるときは、「여，요，유，이」と記す。そして漢字語の「랴，려，례，료，류，리」・「라，래，로，뢰，루，르」が語頭にくる時は「야，여，예，요，유，이」・「나，내，노，뇌，누，느」と記す。

> 漢字語「녀、뇨、뉴、니」　　　　　→語頭にくると「여、요、유、이」
> 漢字語「랴、려、례、료、류、리」→語頭にくると「야、여、예、요、유、이」
> 漢字語「라、래、로、뢰、루、르」→語頭にくると「나、내、노、뇌、누、느」

例　女子→「녀자」（×）→「여자」（○）
　　労働→「로동」（×）→「노동」（○）

但し、外来語や外国語のハングル表記には頭音法則は適用しない。

例 라디오 (ラジオ)

なお、一部の韓国の姓にも頭音法則を当てはめない場合もある。

例 羅 (라、または나)

練習問題

1 次の濃音化する単語を読みながら書きなさい。

（1）국수 (素麺)：국수→ ［국쑤］

＿＿＿＿＿＿＿＿＿　＿＿＿＿＿＿＿＿＿　＿＿＿＿＿＿＿＿＿

（2）독서 (読書)：독서→ ［독써］

＿＿＿＿＿＿＿＿＿　＿＿＿＿＿＿＿＿＿　＿＿＿＿＿＿＿＿＿

（3）글자 (文字)：글자→ ［글짜］

＿＿＿＿＿＿＿＿＿　＿＿＿＿＿＿＿＿＿　＿＿＿＿＿＿＿＿＿

（4）역사 (歴史)：역사→ ［역싸］

＿＿＿＿＿＿＿＿＿　＿＿＿＿＿＿＿＿＿　＿＿＿＿＿＿＿＿＿

（5）잡지 (雑誌)：잡지→ ［잡찌］

＿＿＿＿＿＿＿＿＿　＿＿＿＿＿＿＿＿＿　＿＿＿＿＿＿＿＿＿

（6）학기 (学期)：학기→ ［학끼］

＿＿＿＿＿＿＿＿＿　＿＿＿＿＿＿＿＿＿　＿＿＿＿＿＿＿＿＿

（7）없다 (ない・いない)：없다→업ㅅ + 다→ ［업따］

＿＿＿＿＿＿＿＿＿　＿＿＿＿＿＿＿＿＿　＿＿＿＿＿＿＿＿＿

（8）앉다 (座る)：앉다→안ㅈ + 다→ ［안따］

＿＿＿＿＿＿＿＿＿　＿＿＿＿＿＿＿＿＿　＿＿＿＿＿＿＿＿＿

（1）입학（入学）：입학→［이팍］

_____ _____ _____

（2）축하（祝賀）：축하→［추카］

_____ _____ _____

（3）그렇다（そうだ）：그렇다→［그러타］

_____ _____ _____

（4）좋다（良い）：좋다→［조타］

_____ _____ _____

（5）많다（多い）：많다→만ㅎ＋다→［만타］

_____ _____ _____

（6）싫다（嫌だ）：싫다→실ㅎ＋다→［실타］

_____ _____ _____

3 次の鼻音化する単語を読みながら書きなさい。

（1）국내（国内）：국내→［궁내］

_____ _____ _____

（2）박물관（博物館）：박물관→［방물관］

_____ _____ _____

（3）음료（飲料）：음료→［음뇨］

_____ _____ _____

（4）작년（昨年）：작년→［장년］

_____ _____ _____

5 濃音化・激音化・鼻音化・流音化

（5）입니다 （ーです）：입니다→ [임니다]

_____ _____ _____

（6）합니다 （ーします）：합니다→ [함니다]

_____ _____ _____

4 次の流音化する単語を読みながら書きなさい。

（1）관련 （関連）：관련→ [괄련]

_____ _____ _____

（2）설날 （元旦）：설날→ [설랄]

_____ _____ _____

（3）신랑 （新郎）：신랑→ [실랑]

_____ _____ _____

（4）원리 （原理）：원리→ [월리]

_____ _____ _____

10
5 音声を聞いて発音された順番（数字）を書きなさい（2回読み上げる）。

축하 （　　　　）

원리 （　　　　）

국내 （　　　　）

잡지 （　　　　）

第1ターミナル

第2ターミナル

인천국제공항 제 1 터미널 （仁川国際空港 第1ターミナル）

인천국제공항 제 2 터미널 （仁川国際空港 第2ターミナル）
p23「韓国全図」を併せて参照

第6課 日本語のハングル表記・辞書の引き方・分かち書き

✅ **授業内容**：仮名のハングル表記・辞書の引き方・分かち書きを学習する。

✅ **授業目標**：仮名のハングル表記・辞書の引き方・分かち書きができる。

● 日本語仮名のハングル対照表

仮　名	ハングル	
	語　頭	語中・語末
ア イ ウ エ オ	아 이 우 에 오	아 이 우 에 오
カ キ ク ケ コ	가 기 구 게 고	카 키 쿠 케 코
サ シ ス セ ソ	사 시 스 세 소	사 시 스 세 소
タ チ ツ テ ト	다 지 쓰 데 도	타 치 쓰 테 토
ナ ニ ヌ ネ ノ	나 니 누 네 노	나 니 누 네 노
ハ ヒ フ ヘ ホ	하 히 후 헤 호	하 히 후 헤 호
マ ミ ム メ モ	마 미 무 메 모	마 미 무 메 모
ヤ イ ユ エ オ	야 이 유 에 오	야 이 유 에 오
ラ リ ル レ ロ	라 리 루 레 로	라 리 루 레 로
ワ (ヰ) ウ (ヱ) ヲ	와 (이) 우 (에) 오	와 (이) 우 (에) 오
ン		ㄴ
ガ ギ グ ゲ ゴ	가 기 구 게 고	가 기 구 게 고
ザ ジ ズ ゼ ゾ	자 지 즈 제 조	자 지 즈 제 조
ダ ヂ ヅ デ ド	다 지 즈 데 도	다 지 즈 데 도
バ ビ ブ ベ ボ	바 비 부 베 보	바 비 부 베 보
パ ピ プ ペ ポ	파 피 푸 페 포	파 피 푸 페 포
キャ キュ キョ	갸 규 교	캬 큐 쿄
ギャ ギュ ギョ	갸 규 교	갸 규 교

シャ シュ ショ	샤 슈 쇼	샤 슈 쇼
ジャ ジュ ジョ	자 주 조	자 주 조
チャ チュ チョ	자 주 조	차 추 초
ヒャ ヒュ ヒョ	햐 휴 효	햐 휴 효
ビャ ビュ ビョ	뱌 뷰 뵤	뱌 뷰 뵤
ピャ ピュ ピョ	퍄 퓨 표	퍄 퓨 표
ミャ ミュ ミョ	먀 뮤 묘	먀 뮤 묘
リャ リュ リョ	랴 류 료	랴 류 료

＊促音「ッ」は「ㅅ」で表記する。

※ **日本語の母音「あ、い、う、え、お」は、基本的に「아、이、우、에、오」と記す。**

　しかし、「ふ」は「흐 [hɯ]」ではなく「후 [hu]」、そして「そ」は「서 [sɔ]」ではなく「소 [so]」と書く。但し、「す」や「ず」、「つ」や「づ」は、母音「ㅜ [u]」ではなく、「ㅡ [ɯ]」を使って、「스」や「즈」、「쓰」や「쯔」と書くのである。

● **辞書の引き方**
　1. ペーパー辞書
　2. 電子辞書

● **分かち書き**
　도서관에 ▇한 ▇시간 ▇내지 ▇두 ▇시간 ▇공부한 ▇후, 집에 ▇돌아 ▇갈 ▇것이다 . 〈▇は分かち書き〉

》 学習のポイント

● **現行の「日本語仮名のハングル対照表」の問題点**
　① 語頭と語中・語末の発音を差別化することによって、異なる語彙が同じ表記になってしまうという問題点がある。例えば、金（きん）[긴] と銀（ぎん）[긴] は同じ表記になる。差別化せず、語中・語末の表記にすると、金（きん）[킨]、銀（ぎん）[긴] と表記できる。
　②「つ」を [쓰] に表記することによって、実際の日本語音と乖離が生じている。より日本語音に近く表記するには [쯔] にしたほうが良い。
　③ 長音表記をしないことによって、違う単語が同じ表記になる。すなわち、大阪（おおさか）[오사카] と小坂（おさか）[오사카] が同じ表記になるが、長音表記をすれば大阪（おおさか）

［오오사카］と小坂（おさか）［오사카］のように、日本語音に近い表記となる。

④「ん」は一律に「ㄴ」と表記している。しかし、「さ・ざ・た・だ・な・は・ら」段の前の「ん」は「ㄴ」、「ば・ぱ・ま」段の前の「ん」は「ㅁ」、「か・が・や・わ」段の前の「ん」は「ㅇ」と表記すれば、より日本語音を正確に表記することができる。つまり、温度（おんど）［온도］、難波（なんば）［남바］、参加（さんか）［상카］の表記になる。

● 辞書の引き方

1. ペーパー辞書

● 文字の種類

初声＋中声

初声＋中声＋終声（バッチム）

● 以下に基づいて説明する。まず［1］初声（子音）から入って、次は［2］中声（母音）を探し当てる。「初声＋中声」の文字は、ここで探し終わる。しかし、終声がある場合は、中声に続き、［3］終声（子音）を探す。

● ペーパー辞書を引くコツ

左上の柱（左上の単語）と右上の柱（右下の単語）を積極的に活用する。つまり、その間に入る単語を連想して調べる。

（左上の柱）　　　　　（右上の柱）

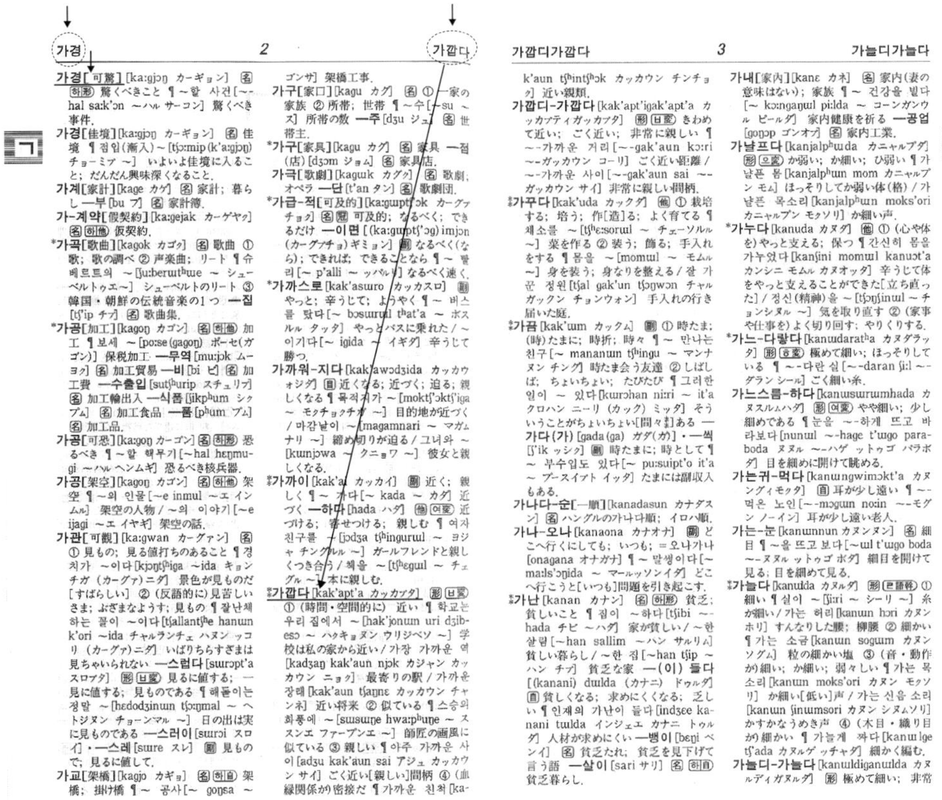

2. 電子辞書

※ 上の電子辞書のキーボードは、KS2 ボル方式によるハングルの入力である。一方、パソコン入力の場合が主であるが、KS3 ボル方式でハングルを入力する方法、またローマ字を入力してハングルに変換する方式もある。

● 分かち書き

① 助詞は、その前の単語に付けて書いて分かち書きをする。

② 不完全名詞は分かち書きをする。

③ 単位を表す名詞は分かち書きをする。

④ 数詞を書くときは、万単位で分かち書きをする。

⑤ 補助用言は分かち書きするのを原則とする。

⑥ ２つの言葉を繋いだり並べる時の「등（等）」、「등등（等々）」、「겸（兼）」、「대（対）」、「및（及び）」、「내지（乃至）」は分かち書きを行う。

⑦ 名字と名前は続けて、呼称語や官職名は分かち書きをする。但し、名字と名前を区別する必要がある場合は、分かち書きしてよい。

〈例文〉도서관에서 한 시간 내지 두 시간 공부한 후, 집에 돌아 갈 것이다. 〈は分かち書き：空白〉
    ① ③ ⑥ ⑤ ②

日本語訳：図書館で１時間乃至２時間勉強した後、家に戻っていくはずである。

※ 日本語は、漢字、かなを併用した文章において、空白（スペース）＝分かち書きで語を区切ることはほとんどない。よって、日本語話者（日本語使用者）にとって韓国語の分ち書きは、学習初期段階では慣れないかもしれないが、基本的に日本語の文節とほぼ同じ分け方であると考えればよい。

● 日韓の漢字語及び漢字

 ・ 漢字語

  韓国語の語彙は漢字語がとても多く占めている。それらには日本語と全く同じものがたくさんあり、読み方が違うだけである。この漢字語の読み方は韓国語では基本的に１つの漢字には１つの発音しかないが、日本語では１つの漢字に対し読み方が数種類に及ぶ場合もある。例えば、漢字語の「海外」における「外」の韓国語読みは「외」であって「海外」（해외）、「外科」（외과）のように、基本的に一つの漢字には一つの発音しかない。一方、日本語では同じ「外」であっても、「海外」（かいがい）、「外科」（げか）のように読み方が変わる。

   日韓共通の漢字語： 海外 外科

     韓国語： 해외 외과

     日本語： かいがい げか

 ・ 漢字

  日本では独自に漢字を簡略化した「簡体字」、一方、韓国では「繁体字」を使っている。

   日本（簡体字）：国

   韓国（繁体字）：國

● 日本語と韓国語の類似性

韓国 を 理解する ため には、韓国語 を 知る こと が 優先課題です。

한국 을 이해하기 위해 서는, 한국어 를 아는 것 이 우선과제입니다.

 日本語のアンダーラインの漢字語、他の印をつけた助詞・動詞は、韓国語のそれぞれの部分と対応しており、日本語と韓国語は、文法の構造がほぼ同じなのである。

練習問題

1 次の日本語をハングルで書きなさい。

（1）自分の名前 _____

（2）本州（ほんしゅう） _____

（3）北海道（ほっかいどう） _____

（4）東京（とうきょう） _____

（5）大阪（おおさか） _____

（6）京都（きょうと） _____

2 次の日本語をハングルで書きなさい。

韓国語は日本語と類似点が多いので、日本人にとっては学びやすい言語です。

_____

_____

3 以下は日本語をハングル表記した文章である。日本語の意味を推測せずに、文字を一つ一つ追いながら、正確に読みなさい。また、分かち書きにも注意しなさい。

간코쿠고노 세이카쿠나 하쓰온가 데키레바 간코쿠고와 한분
이조 마스타데키타토 간가에라레마스. 고레카라와 요겐노 가쓰
요니 추이시나가라 분포야 단고노 루이지세이오 이카시테 다노
시쿠 가쿠슈시테 구다사이.

4 次の単語を辞書で引き、その意味を書きなさい。

（1）가격 （　　　　　　）

（2）동물 （　　　　　　）

（3）출발 （　　　　　　）

（4）통장 （　　　　　　）

（5）밝다 （　　　　　　）

（6）짧다 （　　　　　　）

5 例の文章に基づき、韓国語と日本語の両方にチェックを入れて分かち書きを記しなさい。

例

韓国語を ∨ 学ぶ ∨ 時間は∨楽しいです。
한국어를∨배우는∨시간은∨즐겁습니다.

図書館で勉強する学生が多いです。
도서관에서공부하는학생이많습니다.

무궁화 （無窮花）
韓国の国花

김포국제공항（金浦国際空港）
p23「韓国全図」・p35「ソウルの区地図」を併せて参照

第 7 課 이것은 무엇입니까？
（これは何ですか）

⚫ **授業内容**：指定詞や丁寧語・疑問文・否定文の会話を学習する。

⚫ **授業目標**：指定詞を使った会話とその聞き取りができる。

11

田中： 이것은 무엇입니까？

유진： 그것은 연필입니다.

田中： 저것은 사전입니까？

유진： 아니오, 그것은 사전이 아닙니다.

>> **本文の訳**

田中：これは何ですか。

유진：それは鉛筆です。

田中：あれは辞典（辞書）ですか。

유진：いいえ、それは辞典（辞書）ではありません。

>> 発音のポイント

이것은 → [이거슨]

무엇입니까 → [무어심니까]〈鼻音化〉

무엇 / 입니까 → [무얻 / 임니까]〈鼻音化〉

그것은 → [그것은]

연필입니다 → [연피림니다]〈鼻音化〉

연필 / 입니다 → [연필 / 임니다]〈鼻音化〉

저것은 → [저거슨]

사전입니까 → [사저님니까]〈鼻音化〉

사전 / 입니까 → [사전 / 임니까]〈鼻音化〉

사전이 → [사저니]

아닙니다 → [아님니다]〈鼻音化〉

저것은 → [저거슨]

※「発音のポイント」における / は休止（Pause）を意味する。

>> 縮約ポイント

이것은 （これは）→이건

무엇입니까 （何ですか）→무업니까→뭡니까

그것은 （それは）→그건

저것은 （あれは）→저건

아니오 （いいえ）→아뇨

>> 学習ポイント

● **助詞** 〈第 8 課参照〉

• 母音（体言） + 는 / 子音（体言） + 은 : ‐は

• 母音（体言） + 가 / 子音（体言） + 이 : ‐が、‐は

● **指示詞**

이것 （これ）	이 （この）	여기 （ここ）	이쪽 （こちら）
그것 （それ）	그 （その）	거기 （そこ）	그쪽 （そちら）
저것 （あれ）	저 （あの）	저기 （あそこ）	저쪽 （あちら）
어느 것 （どれ）	어느 （どの）	어디 （どこ）	어느 쪽 （どちら）

>> 文型ポイント

- –는 / 은 –입니다. （–は –です）

  例 이것은 볼펜입니다. (これはボールペンです)

- –는 / 은 –입니까? （–は –ですか）

  例 이것은 볼펜입니까? (これはボールペンですか)

- –는 / 은 –가 / 이 아닙니다. （–は –ではありません）

  例 그것은 사전이 아닙니다. (それは辞書ではありません)

- –는 / 은 –가 / 이 아닙니까? （–は –ではありませんか）

  例 그것은 사전이 아닙니까? (それは辞書ではありませんか)

>> 文法ポイント

● 指定詞と否定形

- 이다（だ、である）：이 + ㅂ니다→입니다（–です）→입니까?（–ですか：疑問文）
- 아니다（ではない）：아니 + ㅂ니다→아닙니다（–ではありません）→아닙니까?

  （–ではありませんか：疑問文）

● 語幹と語尾

例

→補助語幹などを付ける場合は、語尾をとって語幹に付ける。

● 丁寧語

丁寧語は、大きく分けて「上称形」・「下称形」、さらに上称形は「最敬体」・「敬体」、そして下称形は「略待」・「ぞんざい体」の4つに分けられる。

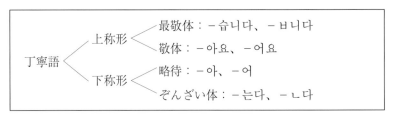

a. 上称形

▶ 最敬体

- 子音語幹 + 습니다

  例 먹다（食べる）→먹 + 습니다→먹습니다（食べます）、
  작다（小さい）→작 + 습니다→작습니다（小さいです）

● 母音語幹＋ㅂ니다

> 例 하다（する）→하＋ㅂ니다→합니다（します）、
>
> 크다（大きい）→크＋ㅂ니다→큽니다（大きいです）

● ㄹ語幹＋ㅂ니다（語幹のㄹは脱落）（ㄹ変則）

> 例 날다（飛ぶ）→날＋ㅂ니다→나＋ㅂ니다→납니다（飛びます）、
>
> 길다（長い）→길＋ㅂ니다→기＋ㅂ니다→깁니다（長いです）

＊疑問文は、「－ㅂ니다／습니다」を「－ㅂ니까／습니까？」に直す。

＊「ㄹ変則」：날다（飛ぶ）、놀다（遊ぶ）、살다（住む）、울다（泣く）、들다（持ち上げる）、
　길다（長い）、달다（甘い）〈付録（表4）「用言活用表」、（表5）「変則活用用言」参照〉

▶ 敬体

● 陽母音語幹（ㅏ、ㅗ）＋아요

> 例 앉다（座る）→앉＋아요→앉아요（座ります）、
>
> 좋다（いい）→좋＋아요→좋아요（いいです）

● 陰母音語幹（ㅏ、ㅗ以外）＋어요

> 例 입다（着る）→입＋어요→입어요（着ます）、
>
> 싫다（嫌だ）→싫＋어요→싫어요（嫌です）

＊疑問文は、「－아요／어요」にクエスチョンマークだけを付けて「－아요／어요？」
　と記す。

＊「－아요／어요」は勧誘（－しましょう）の意味で使われることもある。

＊形容詞の「－ㅂ다」（ㅂ変則）

※ 워：ㅂ脱落語幹＋우＋어요→워요

> 例 그립다（恋しい）→그립＋우＋어요→그리＋우＋어요→그리워요（恋しいです）、
>
> 아름답다（美しい）、싱겁다（水っぽい）、밉다（憎い）、역겹다（むかつく）、
>
> 맵다（辛い）、가깝다（近い）、어렵다（難しい）、가볍다（軽い）、덥다（暑い）、
>
> 즐겁다（楽しい）、무섭다（怖い）

※〈例外〉와：ㅂ脱落語幹＋오＋아요→와요

> 例 곱다（美しい）→곱＋오＋아요→고＋오＋아요→고와요（美しいです）、
>
> 돕다（手伝う）→돕＋오＋아요→도＋오＋아요→도와요（手伝います）

※「最敬体：－ㅂ니다／습니다」と「敬体：－아요／어요」の日本語訳は、同じく「－です」、
　「－ます」である。本来は、前者は「－でございます」、後者は「－です、－ます」と
　訳すべきであるが、日本語の両者ほどの開きはないため、「－です、－ます」と訳す。

b. 下称形

▶ **略待**

● 陽母音語幹（ㅏ、ㅗ）＋아

例 앉다（座る）→앉＋아→앉아（座ってね）

좁다（狭い）→좁＋아→좁아（狭いね）

● 陰母音語幹（ㅏ、ㅗ以外）＋어

例 먹다（食べる）→먹＋어→먹어（食べてね）

길다（長い）→길＋어→길어（長いね）

＊疑問文は、「−아 / 어」にクエスチョンマークだけをつけて「−아 / 어 ?」と記す。

＊「−아 / 어」は命令の意味にもなる。

＊形容詞の「−ㅂ다」（ㅂ変則）

▶ **ぞんざい体**：動詞だけ

● 子音語幹＋는다

例 먹다（食べる）→먹＋는다→먹는다（食べる）

● 母音語幹＋ㄴ다

例 하다（する）→하＋ㄴ다→한다（する）

● ㄹ語幹＋ㄴ다（語幹のㄹは脱落）（ㄹ変則）

例 날다（飛ぶ）→날＋ㄴ다→나＋ㄴ다→난다（飛ぶ）

＊ 指定詞の이다（だ、である）・아니다 :（ではない）、存在詞の있다（ある、いる）・없다（ない）、そして形容詞は、「−ㄴ다 / 는다」を付けず原型のまま使う。ところで、バッチムのない名詞に「이다」が付く場合は、「가게다（店だ）」のように「−이」を省くこともある。

창경궁 통명전（昌慶宮 通明殿）

昌慶宮の所在地：ソウル特別市 鐘路区 昌慶宮路 185
朝鮮時代の世宗元（1419）年に建立し寿康宮と名付けたが、成宗 15（1484）年に昌慶宮と改めた宮殿である。
p35「ソウルの区地図」を併せて参照

1 次の単語の基本形を丁寧語の最敬体（－ㅂ니다 / 습니다）とその疑問形（－ㅂ니까 / 습니까）に直しなさい。

例 가다（行く）→ 갑니다（行きます）→ 갑니까？（行きますか）

基本形	丁寧語の最敬体（1・2・3人称）	丁寧語の最敬体の疑問形（2・3人称）
오다 （くる）	.... （きます）	...................................？ （きますか）
하다 （する）	.... （します）	...................................？ （しますか）
먹다 （食べる）	.... （食べます）	...................................？ （食べますか）
입다 （着る）	.... （着ます）	...................................？ （着ますか）
크다 （大きい）	.... （大きいです）	...................................？ （大きいですか）
좋다 （良い）	.... （良いです）	...................................？ （良いですか）

2 以下の〈選択肢〉から適切な単語を選んで括弧に書き入れ、会話文を読みなさい。

例
> A：－는 / 은 －입니까？　（－は －ですか。）
>
> B：－는 / 은 －입니다．　（－は－です。）

（1）　A：이것은 （　　　　　　） 입니까？

　　　（これは<u>写真</u>ですか。）

　　B：예，그것은 （　　　　　　） 입니다．

　　　（はい、それは<u>写真</u>です。）

例 A：－는 / 은 －입니까？（－は －ですか。）

B：－는 / 은 －가 / 이 아닙니다．（－は －ではありません。）

（2）　A：이것은（　　　　　　）입니까？

（これは<u>靴</u>ですか。）

B：그것은（　　　　　　）가 아닙니다．

（それは<u>靴</u>ではありません。）

例　A：－는 / 은 －가 / 이 아닙니까？（－は －ではありませんか。）

B：－는 / 은 －가 / 이 아닙니다．（－は －ではありません。）

（3）　A：저것은（　　　　　　）이 아닙니까？

（あれは<u>手袋</u>ではありませんか。）

B：예, 그것은（　　　　　　）이 아닙니다.

（はい、それは<u>手袋</u>ではありません。）

〈選択肢〉안경, 양말, 사진, 수첩, 구두, 비누, 장갑, 우표

12
🔊 **3** 音声を聞いて括弧を埋めなさい（2 回読み上げる）。

（1）이것은（　　　　　　　　　　　）？

（2）그것은（　　　　　　　　　　　）.

62

N 서울타워（N ソウルタワー）＝ 남산 타워（南山タワー）

所在地：ソウル特別市 竜山区 南山公園キル 105
南山の頂上に立ち、その高さは 236.7m、南山の高さを合わせると 479.7m になる。
p23「韓国全図」・p35「ソウルの区地図」を併せて参照

第8課 거실에 무엇이 있습니까?

(居間に何がありますか)

🔘 **授業内容：**存在詞とその疑問文・否定文の会話を学習する。

🔘 **授業目標：**存在詞を使った会話の聞き取りができる。

13

田中: 거실에 무엇이 있습니까?

유진: 소파가 있습니다.

田中: 소파 왼쪽에는 휴지통이 있습니까?

유진: 아니오, 아무것도 없습니다.

>> **本文の訳**

田中：居間（居室）に何がありますか。

유진：ソファーがあります。

田中：ソファーの左にはごみ箱がありますか。

유진：いいえ、何もありません。

>> 発音のポイント

거실에 → ［거시레］

무엇이 → ［무어시］

있습니까 → 잇씁니까 → ［읻씀니까］〈濃音化・鼻音化〉

왼쪽에는 → ［왼쪼게는］

아무것도 → ［아무걷또］〈濃音化〉

없습니다 → ［업씀니다］〈濃音化・鼻音化〉

>> 単語ポイント

● 位置

上：위、상

下：밑＝아래、하

左、左側：왼쪽、좌측

右、右側：오른쪽、우측

前、正面：앞、정면

後ろ：뒤

中：속、안

>> 文法ポイント

● 存在詞（있다・없다）

- 있다（ある、いる）：있＋습니다→있습니다（あります、います）→있습니까？（ありますか、いますか：疑問文）

  ＊韓国語は、生物や無生物に関係なく、すべてに「있다」を使う。

- 없다（ない）：없＋습니다→없습니다（ありません、いません）→없습니까？（ありませんか、いませんか：疑問文）〈第7課丁寧語の「最敬体」参照〉

● 助詞

- 母音（体言）＋ 는 / 子音（体言）＋ 은：－は

  例 친구는 도서관에 있습니다.（友人は図書館にいます）

  고향은 오키나와입니다.（故郷は沖縄です）

- 母音（体言）＋가 / 子音（体言）＋이：－が、－は

  例 개가 있습니다.（犬がいます）
  　　가방이 있습니다.（カバンがあります）

- 母音（体言）＋를 / 子音（体言）＋을：－を*乗り物に乗る場合：－に、* 会う場合：－に、*好きだの場合：－が、どこかへ、または何かをしに行く場合：－に

  例 한국 드라마를 봅니다.（韓国ドラマをみます）
  　　술을 마십니다.（酒を飲みます）

- －도：－も

  例 잡지도 있습니다.（雑誌もあります）

- 母音（体言）＋와 / 子音（体言）＋과、－하고、－母音語幹＋랑 / 子音語幹＋이랑：－と

  例 우유와 빵을 먹습니다.（牛乳とパンを食べます）
  　　친구하고 커피를 마십니다.（友人とコーヒーを飲みます）
  　　언니랑 음악을 듣습니다.（姉と音楽を聞きます）

- －에：－に、－へ

  例 학교에 갑니다.（学校に行きます）

- 母音（体言）＋로 / 子音（体言）＋으로：－で、－へ

  例 비행기로 갑니다.（飛行機で行きます）
  　　산으로 갑니다.（山へ行きます）

- －에서：－で、－から（母音体言に限り「－서」とする場合もある）

  例 공원에서 운동합니다.（公園で運動します）
  　　여기서 쉽니다.（ここで休みます）
  　　집에서 학교까지 가깝습니다.（家から学校まで近いです）

- －에서는：－では

  例 서울에서는 불고기를 먹을까요？（ソウルでは焼き肉を食べましょうか）

- －부터：－から

  例 아침부터 밤까지 공부합니다.（朝から晩まで勉強します）

- －까지 : －まで

  例 서울역<u>까지</u> 지하철로 갑니다. (ソウル駅まで地下鉄で行きます)

- －에게、－한테 : －に

  例 동생<u>에게</u> 전화합니다. (弟・妹に電話します)

- －보다 : －より

  例 버스<u>보다</u> 지하철이 빠릅니다. (バスより地下鉄が速いです)

- －에는 : －には

  例 명동<u>에는</u> 사람이 많습니다. (明洞には人が多いです)

- －의 : －の、－が、－である

  例 지구는 우리<u>의</u> 생활공간입니다. (地球はわれわれの生活空間です)

- －만、－뿐 : －だけ、－のみ

  例 저<u>만</u> 한국사람입니다. (私だけ韓国人です)

- －밖에 : －しか

  例 교실에는 나<u>밖에</u> 없습니다. (教室には僕しかいません)

- 母音（体言）＋나 / 子音（体言）＋이나 : －でも、－か

  例 차<u>나</u> 마실까요. (お茶でも飲みましょうか)

- 母音（体言）＋로서 / 子音（体言）＋으로서 : －として

  例 동료<u>로서</u> 그를 사랑합니다. (同僚として彼を愛します)

- －마다 : －ごとに

  例 일요일<u>마다</u> 골프를 칩니다. (日曜日毎にゴルフをします)

- －조차 : －さえ、－すら

  例 이름<u>조차</u> 기억을 못 합니다. (名前さえ記憶することができません)

- 母音（体言）＋라도 / 子音（体言）＋이라도 : －でも

  例 영화<u>라도</u> 볼까요? (映画でもみましょうか)

  물<u>이라도</u> 마실까요? (水でも飲みましょうか)

- ㅡ처럼 : ㅡのように

  例 백조처럼 흽니다. (白鳥のように白いです)

練習問題

1 以下の絵を見て、〈選択肢〉から質問に対する答えを選んで括弧に書き入れ、会話文を読みなさい。

(1) A : (　　　　　　) 위에 무엇이 있습니까?

　　　(机の上に何がありますか。)

　　　B : (　　　　) 하고 (　　　　　) 이 있습니다.

　　　(筆箱と本があります。)

(2) A : (　　　　　　) 밑에 무엇이 있습니까?

　　　(椅子の下に何がありますか。)

　　　B : (　　　　　) 이 있습니다. 　(ごみ箱があります。)

〈選択肢〉가방, 필통, 휴지통, 의자, 연필, 공책, 달력, 사전, 책, 책상

2 選択肢から助詞を選んで括弧に書き入れ、会話文を読みなさい。

（1）A：방 안 （　　　　　　） 무엇 （　　　　　　） 있습니까？

（部屋の中<u>に</u>何<u>が</u>ありますか。）

　　B：이불 （　　　　　） 있습니다.

（ふとん<u>が</u>あります。）

（2）A：마당 （　　　　） 개 （　　　　　） 있습니까？

（庭<u>には</u>犬<u>が</u>いますか。）

　　B：개 （　　　　　） 없습니다.

（犬<u>は</u>いません。）

〈選択肢〉 – 까지 , – 에 , – 는 / 은 , – 가 / 이 , – 에는 , – 에서

3 音声を聞いて括弧を埋めなさい（2回読み上げる）。

（1）거실에 （　　　　　　　　　　　　　　）？

（2）소파가 （　　　　　　　　　　　　　　）.

개나리 꽃 （レンギョウの花）

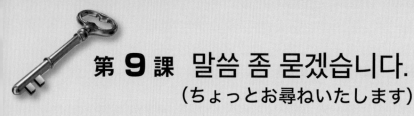

第 9 課 말씀 좀 묻겠습니다.
（ちょっとお尋ねいたします）

✅ **授業内容**：「－겠」の未来・意志・推測・控えめな気持ち（謙譲）を表す会話を学習する。

✅ **授業目標**：「－겠」（謙譲）を用いる会話とその聞き取りができる。

15

田中：말씀 좀 묻겠습니다.

유진：네, 좋습니다.

田中：이 근처에 약국이 있습니까?

유진：저 은행 옆 건물에 있습니다.

>> **本文の訳**

田中：ちょっとお尋ねいたします。

유진：はい、良いですよ。

田中：この近所に薬局はありますか。

유진：あの銀行の横の建物にあります。

>> 発音のポイント

묻겠습니다 묻겟씀니다 → ［묻껟씀니다］〈濃音化・鼻音化〉

좋습니다 → ［존씀니다］〈濃音化・鼻音化〉

약국이 → ［약꾸기］〈濃音化〉

있습니까 → 잇씀니까 → ［읻씀니까］〈濃音化・鼻音化〉

옆 → ［엽］

있습니다 → 잇씀니다 → ［읻씀니다］〈濃音化・鼻音化〉

>> 文法ポイント

● 補助語幹「－겠」

* 補助語幹「－겠」は、未来・意志・推測・控えめな気持ち（謙譲）など様々な機能がある。これらの機能が1つの文章や会話の中で、いくつかの意味合いをもつこともある。控えめな気持ち（謙譲）を表す場合は、以下の〈名詞〉や〈動詞〉における謙譲の語彙を使う。この時、動詞は「－致します」、「お－します」、「－させて頂きます」の意味合いをもつ。その他、未来の意味合いは「－するつもり」・「－する予定」・「－はず」、そして推測は「－だろう」で解釈できる。

* 補助語幹「－겠」も尊敬語や丁寧語と同様、大きく分けて「上称形」・「下称形」、さらに上称形は「最敬体」・「敬体」、そして下称形は「略待」・「ぞんざい体」の4つに分けられる。以下「－겠」の日本語訳は謙譲である。

謙譲語
（－겠）
上称形 — 最敬体：－겠습니다
      — 敬体：－겠어요
下称形 — 略待：－겠어
      — ぞんざい体：－겠다

a. 上称形

▶ 最敬体

● 語幹 + 겠 + 습니다→－겠습니다

  例 먹다（食べる）→ 먹 + 겠 + 습니다 → 먹 + 겠습니다 → 먹겠습니다（食べさせて頂きます）

  하다（する）→하 + 겠 + 습니다→하 + 겠습니다 → 하겠습니다（致します）

▶ 敬体

- 語幹 + 겠 + 어요→−겠어요

  例 입다（着る）→입 + 겠 + 어요→입 + 겠어요→입겠어요（着させて頂きます）

  하다（する）→하 + 겠 + 어요→하 + 겠어요→하겠어요（致します）

b. 下称形

▶ 略待

- 語幹 + 겠 + 어→−겠어

  例 먹다（食べる）→먹 + 겠 + 어→먹 + 겠어→먹겠어（食べさせて頂く）

  하다（する）→하 + 겠 + 어→하 + 겠어→하겠어（させて頂く）

▶ ぞんざい体

- 語幹 + 겠 + 다→겠다

  例 놀다（遊ぶ）→놀 + 겠 + 다→놀 + 겠다→놀겠다（遊ばせて頂く）

  하다（する）→하 + 겠 + 다→하 + 겠다→하겠다（させて頂く）

● 謙譲の言葉

〈名詞〉

나（僕）	저（私）
우리（僕ら）	저희（私たち）
아이（子）	녀석（奴）
말（言葉）	말씀（***）　＊この単語は尊敬語にも使う。

〈動詞〉

만나다（会う）	뵈다、뵙다（お目にかかる）
찾아가다（訪ねる）	찾아뵙다（お訪ねする）
말하다（言う）	말씀드리다（申し上げる）
묻다（聞く）	여쭈다（伺う）
데리다（連れる）	모시다（お連れする）
주다（やる）	드리다（差し上げる）

＊　上記の動詞全てに「겠」を入れることができるが、その場合、右側がより謙譲の意味合いが強くなる。

1 次の単語の基本形を謙譲語の最敬体（－겠습니다）とその疑問形（－겠습니까）に直しなさい。

例 가다（行く）→ 가겠습니다（行かせて頂きます）→ 가겠습니까？（行きますか・行くつもりですか）

基本形	謙譲語の最敬体 （1人称：控え目な気持ち）	謙譲語の最敬体の疑問形 （2人称：意志・未来）
가르치다 （教える）	 （教えさせて頂きます）	？ （教えるつもりですか）
사다 （買う）	 （買わせて頂きます）	？ （買うつもりですか）
이기다 （勝つ）	 （勝たせて頂きます）	？ （勝ちますか）
듣다 （聞く）	 （聞かせて頂きます）	？ （聞きますか）
읽다 （読む）	 （読ませて頂きます）	？ （読むつもりですか）
풀다 （解く）	 （解かせて頂きます）	？ （解きますか）

2 謙譲語に注意しながら会話文を読みなさい。

（1）A：지하철 역이 어디에 있습니까？

（地下鉄の駅はどこにありますか。）

B：잘 모르겠습니다.

（よくわかりません。）

（2）A：다음은 누가 발표를 합니까 ?

（次は誰が発表をしますか。）

B：제가 <u>하겠습니다</u> .

（私が<u>致します</u>。）

16 **3** 音声を聞いて括弧を埋めなさい（2回読み上げる）。

（1）말씀 좀 （　　　　　　　　　　　　）.

（2）네, （　　　　　　　　　　　）.

덕수궁 중화전（徳寿宮 中和殿）

徳寿宮の所在地：ソウル特別市 中区 世宗大路99
朝鮮時代の光海君元（1609）年に慶運宮と名付けられた宮殿であるが、
建陽2（1897）年＝高宗3年に高宗が移り住み、光武11（1907）年＝高
宗41年に徳寿宮と名称を変更した。
p35「ソウルの区地図」を併せて参照

63 빌딩 （63 ビル）

所在地：ソウル特別市 永登浦区 63 路 50
漢江の中州である汝矣島に立ち、63 階の建物で高さは 249m である。

롯데월드타워 （ロッテワールドタワー）

所在地：ソウル特別市 松坡区 オリンピック路 300
123 階の建物で高さは 554.5m、ホテル・オフィス・免税店・展
望台などを設けている。

p35「ソウルの区地図」を併せて参照

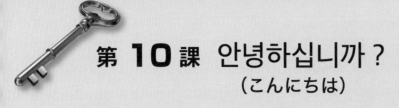

第 **10** 課 안녕하십니까？

（こんにちは）

✅ **授業内容**：初対面の挨拶と尊敬語の会話を学習する。

✅ **授業目標**：初対面の挨拶とその聞き取りができる。

17

田中	： 안녕하십니까？ 처음 뵙겠습니다.
김 미진	： 네, 안녕하십니까？ 처음 뵙겠습니다.
田中	： 저는 다나카라고 합니다.
김 미진	： 저는 김 미진이라고 합니다.
田中	： 잘 부탁합니다.
김 미진	： 저야말로 잘 부탁합니다.

>> **本文の訳**

田中　　：こんにちは。初めてお目にかかります。

김 미진：はい、こんにちは。初めてお目にかかります。

田中　　：私は田中と言います。

김 미진：私はキム ミジンと言います 。

田中　　：宜しくお願いします。

김 미진：私こそ、宜しくお願いします 。

▶▶ 発音のポイント

안녕하십니까 → [안녕하심니까] 〈鼻音化〉

뵙겠습니다 → 뵙껫씀니다 → [뵙껜씀니다] 〈濃音化・鼻音化〉

합니다 → [함니다] 〈鼻音化〉

미진이라고 → [미지니라고]

부탁합니다 → [부타캄니다] 〈濃音化・鼻音化〉

▶▶ 語句ポイント

- 안녕하십니까? とは、「お早うございます・こんにちは・こんばんは」のすべての意味合いが含まれている。
- 뵙겠습니다 : (–겠) は謙譲語 (お目にかかります)
- –라고 / 이라고 합니다 : –と言います、–とします。

▶▶ 文法ポイント

＊ 韓国語と日本語における敬語は単純に言えば類似していると言える。しかし、その使い方は異なっている。まず、韓国語における敬語の使い方は、話者にとって「話題の人が自分より目上かどうか」が基準となっていて、これを「絶対敬語」という。一方、日本語において敬語を使うか使わないかの第1判断基準は、話者と聞き手、またそこで話題となる人物との関係である。これを「相対敬語」という。つまり話者にとって話題の人物が身内であれば、たとえ目上の人であっても、その話題の人物の行いについては敬語を使わずに聞き手に話す。

| 例 | 子供が親の友人からの電話に応対する時

韓国の場合：지금 아버지는 집에 안 계십니다.

（今、お父さんは家にいらっしゃいません）

日本の場合：今、父は家におりません。

● 尊敬語

尊敬語も丁寧語と同様、大きく分けて「上称形」・「下称形」、さらに上称形は「最敬体」・「敬体」、そして下称形は「略待」・「ぞんざい体」の4つに分けられる。

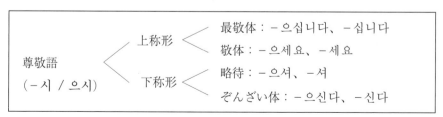

尊敬語
(–시 / 으시)
上称形
下称形
最敬体：–으십니다、–십니다
敬体：–으세요、–세요
略待：–으셔、–셔
ぞんざい体：–으신다、–신다

a. 上称形

▶ 最敬体

- 子音語幹 + 으시 + ㅂ니다 → 으십니다

    例 앉다 (座る) →앉 + 으시 + ㅂ니다→앉으십니다 (お座りになります)

    　작다 (小さい) →작 + 으시 + 십니다→작으십니다 (***)

- 母音語幹 + 시 + ㅂ니다 → 십니다

    例 하다 (する) →하 + 시 + ㅂ니다→하 + 십니다→하십니다 (されます)

    　크다 (大きい) →크 + 시 + ㅂ니다→크 + 십니다→크십니다 (***)

- ㄹ語幹 + 시 + ㅂ니다→십니다

    例 놀다 (遊ぶ) →놀 + 시 + ㅂ니다→노 + 십니다→노십니다 (お遊びになります)

    　길다 (長い) →길 + 시 + ㅂ니다→기 + 십니다→기십니다 (***)

  ＊ 疑問文は、「－십니다 / 으십니다」を「－십니까 / 으십니까？」に直す。

  ＊「ㄹ変則」〈付録（表 4）「用言活用表」、（表 5）「変則活用用言」参照〉

▶ 敬体

- 子音語幹 + 으시 + 어요 → 으세요

    例 앉다 (座る) →앉 + 으시 + 어요→앉 + 으세요→앉으세요 (座られます)

    　작다 (小さい) →작 + 으시 + 어요→작 + 으세요→작으세요 (***)

- 母音語幹 + 시 + 어요→세요

    例 하다 (する) →하 + 시 + 어요→하 + 세요→하세요 (されます)

    　크다 (大きい) →크 + 시 + 어요→크 + 세요→크세요 (***)

- ㄹ語幹 + 시 + 어요 → 세요

    例 놀다 (遊ぶ) →놀 + 시 + 어요→노 + 세요→노세요 (遊ばれます)

    　길다 (長い) →길 + 시 + 어요→기 + 세요→기세요 (***)

  ＊ 疑問文は、「－세요 / 으세요」にクエスチョンマークを付けて「－세요 / 으세요？」
    と記す。

  ＊「－세요 / 으세요」は「軽い命令」の意味合いもある。

  ＊「ㄹ変則」

  ※「最敬体：－십니다 / 으십니다」と「敬体：－세요 / 으세요」の日本語訳は、共
    に「－でいらっしゃいます」、「－られます」、「お－になります」である。これは両
    者の尊敬の度合いに大きな差がなく、日本語でその違いを現すのが難しいためで
    ある。

b. 下称形

▶ 略待

- 子音語幹 + 으시 + 어→으셔

  例 앉다（座る）→앉 + 으시 + 어→앉 + 으셔→앉으셔（座られる）

  　작다（小さい）→작 + 으시 + 어→작 + 으셔→작으셔（***）

- 母音語幹 + 시 + 어→셔

  例 하다（する）→하 + 시 + 어→하 + 셔→하셔（される）

  　크다（大きい）→크 + 시 + 어→크 + 셔→크셔（***）

- ㄹ語幹 + 시 + 어→셔

  例 놀다（遊ぶ）→놀 + 시 + 어→노 + 셔→노셔（遊ばれる）

  　길다（長い）→길 + 시 + 어→기 + 셔→기셔（***）

  ＊ 疑問文は、「－셔 / 으셔」を「－셔 / 으셔？」に直す。

  ＊「－셔 / 으셔」は「軽い命令」の意味合いもある。

  ＊「ㄹ変則」

▶ ぞんざい体：動詞だけ

- 子音語幹 + 으시 + ㄴ다→으신다

  例 앉다（座る）→앉 + 으시 + ㄴ다→앉 + 으신다→앉으신다（座られる）

- 母音語幹 + 시 + ㄴ다→신다

  例 하다（する）→하 + 시 + ㄴ다→하 + 신다→하신다（される）

- ㄹ語幹 + 시 + ㄴ다→신다

  例 놀다（遊ぶ）→놀 + 시 + ㄴ다→노 + 신다→노신다（遊ばれる）

  ＊「ㄹ変則」

● 尊敬の言葉
〈名詞〉

사람（人）　　　　　분（方）

집（家）　　　　　　댁（宅）

이름（名前）　　　　성함（お名前）

밥（飯）　　　　　　진지（ご飯）

나이（年齢）　　　　연세（ご年齢）

생일（誕生日）　　　생신（お誕生日）

말（言葉）　　　　　말씀（お言葉）　＊この単語は謙譲語にも使われる。

병（病気）　　　　　병환（ご病気）

몸（体）　　　　　　옥체（お体）

＊－님づけの名詞

부인 （夫人）	사모님 （ご夫人）
선생 （先生）	선생님 （先生様）
교수 （教授）	교수님 （教授様）
부모 （両親）	부모님 （ご両親）
아버지 （お父さん）	아버님 （お父様）
어머니 （お母さん）	어머님 （お母様）
아들 （息子）	아드님 （息子さん）
딸 （娘）	따님 （お嬢さん）
형 （兄）	형님 （お兄さん）
누나 （姉）	누님 （お姉さん）
사장 （社長）	사장님 （社長さん）
부장 （部長）	부장님 （部長さん）

〈動詞〉

죽다 （死ぬ）	돌아가시다 （亡くなる）
먹다、마시다 （食べる、飲む）	잡수시다、드시다 （召し上がる）
자다 （寝る）	주무시다 （お休みになる）
있다 （いる）	계시다 （いらっしゃる）
없다 （いない）	안 계시다 （いらっしゃらない）
말하다 （話す）	말씀하시다 （おっしゃる）

〈助詞〉

－가、－이 （が）	－께서
－는、－은 （は）	－께서는
－에게、－한테 （に）	－께
－도 （も）	－께서도、께도
－만 （だけ）	－께서만

〈形容詞〉

아프다 （体の具合が悪い）	편찮으시다 （お加減が悪い）

練習問題

1 次の単語の基本形を尊敬語の最敬体（−십니다 / 으십니다）とその疑問形（−십니까 / 으십니까）に直しなさい。

例 가다（行く）→가십니다（行かれます）→ 가십니까？（行かれますか）

基本形	尊敬語の最敬体（2・3 人称）	尊敬語の最敬体の疑問形（2・3 人称）
기뻐하다 （喜ぶ）	………………………………… （お喜びになります）	…………………………………？ （お喜びになりますか）
두다 （置く）	………………………………… （お置きになります）	…………………………………？ （お置きになりますか）
화내다 （怒る）	………………………………… （お怒りになります）	…………………………………？ （お怒りになりますか）
닫다 （閉める）	………………………………… （閉められます）	…………………………………？ （閉められますか）
참다 （耐える）	………………………………… （耐えられます）	…………………………………？ （耐えられますか）
찍다 （撮る）	………………………………… （撮られます）	…………………………………？ （撮られますか）

18

2 日常の様々な言い方や挨拶を覚えよう。

（1）네.（はい）

　　예.（はい）

　　응.（うん）

（2）아닙니다.（いいえ、どういたしまして）

　　아니오.（いいえ、どういたしまして）

　　아뇨.（いいえ、どういたしまして）

（3）아니. （いや、とんでもない）

　　아니야. （いや、とんでもない）

　　아냐. （いや、とんでもない）

（4）A：안녕하십니까? ／안녕하세요?

　　B：네, 안녕하십니까? ／네, 안녕하세요?

　　＊ 朝昼晩（お早うございます・こんにちは・こんばんは）、そして初対面・たまに会う
　　　時の挨拶（ご機嫌いかがですか）に使う。

（5）A：안녕?

　　B：응, 안녕?

　　＊ ぞんざいな言い方で、主に同年代間で使われる。朝昼晩（おはよう・こんにちは・
　　　こんばんは）のいつでも使える挨拶。〈（12）参照〉

（6）A：만나서 반갑습니다. （お会いして嬉しいです）

　　B：네, 만나서 반가워요. （はい、お会いして嬉しいです）

（7）A：처음 뵙겠습니다. （初めてお目にかかります・初めまして）

　　B：네, 처음 뵙겠습니다. （はい、初めてお目にかかります・はい、初めまして）

（8）A：저는 （名前の前に所属、または住んでいる所などを加えたりする）라고 합
　　　니다. （私は〜と言います）

　　B：저는 （名前の前に所属、または住んでいる所などを加えたりする）
　　　이라고 합니다. （私は〜と言います）

（9）A：잘 부탁합니다. （よろしくお願いします）

　　B：저야말로 잘 부탁합니다. （私こそ、よろしくお願いします）

（10）A：잘 부탁드립니다. （よろしくお願い申し上げます）

　　B：저야말로 잘 부탁드립니다. （私こそ、よろしくお願い申し上げます）

(11) A : 안녕히 계십시오. ／안녕히 계세요.

（お気を付けて）〈立ち去る人が言う〉

B : 네, 안녕히 가십시오. ／네, 안녕히 가세요.

（さようなら）〈見送る人が言う〉

※ この / は、類似したケースを並べるという意味である。

(12) A : 안녕.

B : 응, 안녕.

＊ ぞんざいな言い方で、別れる時の挨拶（さようなら・バイバイ）として使う。目上
の人には使えない。〈(5) 参照〉

3 次の文章に「−라고 / 이라고 합니다 : −と言います、−とします」を用い、会話文
を完成させて読みなさい。

(1) A : 저는 다나카입니다.

（私は田中です。）

B : 제 이름은 미진 ＿＿＿＿＿＿＿＿＿＿＿＿.

（私の名前はミジン <u>と言います</u>。）

(2) A : 이것은 무엇입니까 ?

（これは何ですか。）

B : 그것은 순두부찌개 ＿＿＿＿＿＿＿＿＿＿＿.

（それはスンドゥブチゲ <u>と言います</u>。）

19

4 音声を聞いて括弧を埋めなさい（2 回読み上げる）。

(1) (   ) ?

(2) (   ) .

(3) (   ) .

第 11 課 한국 음식을 좋아해요?
(韓国料理が好きですか)

📀 **授業内容**：母音縮約の用言を活用する会話を学習する。

📀 **授業目標**：母音縮約の用言を使う会話とその聞き取りができる。

유진 : 한국 음식을 좋아해요?

田中 : 예, 아주 좋아해요.

유진 : 뭘 잘 먹어요?

田中 : 불고기하고 김밥을 잘 먹어요.

≫ 本文の訳

유진 : 韓国料理（食べ物）が好きですか。

田中 : はい、とても好きです。

유진 : 何をよく食べますか。

田中 : 焼肉とキンパプをよく食べます。

》》 発音のポイント

음식을 → ［음시글］

좋아해요 → ［조아해요］

먹어요 → ［머거요］

김밥을 → ［김빠블］〈濃音化〉

》》 縮約ポイント

뭘 → 무얼 → 무엇을（何を）

》》 学習ポイント

－을 / 를 좋아하다 : －が好きだ

》》 語句ポイント

● 助詞〈第8課参照〉

- 母音（体言）＋를 / 子音（体言）＋을 : －を、－に、－が

  ＊乗り物に乗る場合 : －に

  　전차를 탑니다. (電車に乗ります)

  ＊会う場合 : －に

  　내일，친구를 만납니다. （明日、友達に会います）

  ＊好きだの場合 : －が

  　나는 고양이를 좋아합니다. （ぼくは猫が好きです）

  ＊旅行や買い物に行く場合 : －に

  　여행을 갑니다. （旅行に行きます）

- 母音（体言）＋는 / 子音（体言）＋은 : －は

- －하고＝－와 / 과、－랑 / 이랑 : －と

- 母音（体言）＋러 / 子音（体言）＋으러 가다 : －しに行く

● 韓国語の「- 하다」

① 動詞 : －하다 （する、いう）

　例 운동하다. （運動する）

② 形容詞 : －하다 （だ） : 日本語では形容動詞である。

　例 조용하다 （静かだ）

● 「좋아하다」と「- 좋다」

- －를 / 을 좋아하다 (－を好んでいるの意味) : －が好きだ

  例 불고기를 좋아해요. (焼き肉が好きです)

- －가 / 이 좋다 (－が良いの意味) : －が好きだ

  例 한국이 좋아요. (韓国が好きです)

》 文法ポイント
● 丁寧語の敬体〈第7課参照〉

● 縮約の特別な形態

- 하다 (する、いう)

  하 + 아요 → 하아요 (×) → 해요 (○)、하여요 (○)

- 되다 (なる、される)

  되 + 어요 → 되어요 (○)、돼요 (○)

- 이다 (だ、である)

  이 + 어요 → 이어요 (×) → 子音 (体言) + 이에요 (○)、母音 (体言) + 예요 (○)

● 縮約：語幹にパッチムのない用言

- ㅏ + ㅏ → ㅏ 例 가다 (行く) 가 + 아요 → 가아요 (×) → 가요 (○)
- ㅓ + ㅓ → ㅓ 例 서다 (立つ) 서 + 어요 → 서어요 (×) → 서요 (○)
- ㅐ + ㅓ → ㅐ 例 보내다 (送る) 보내 + 어요 → 보내어요 (×) → 보내요 (○)
- ㅕ + ㅓ → ㅕ 例 펴다 (伸ばす) 펴 + 어요 → 펴어요 (×) → 펴요 (○)
- ㅣ + ㅓ → ㅕ 例 내리다 (降りる) 내리 + 어요 → 내리어요 (×) → 내려요 (○)
- ㅔ + ㅓ → ㅔ 例 세다 (数える) 세 + 어요 → 세어요 (×) → 세요 (○)

  　ㅔ + ㅓ 例 메다 (背負う) 메 + 어요 → 메어요 (○)、메요 (○)
- ㅗ + ㅏ → ㅘ 例 오다 (来る) 오 + 아요 → 오아요 (×) → 와요 (○)

  　ㅗ + ㅏ 例 보다 (見る) 보 + 아요 → 보아요 (○)、봐요 (○)
- ㅜ + ㅓ → ㅝ 例 배우다 (学ぶ) 배우 + 어요 → 배우어요 (×) → 배워요 (○)

  　ㅜ + ㅓ 例 주다 (あげる、くれる) 주 + 어요 → 주어요 (○)、줘요 (○)

練習問題

1 **次の単語の基本形を母音縮約に注意しながら丁寧語の敬体（−아요 / 어요）とその疑問形に直しなさい。**

例 가다（行く）→ 가요（行きます）→ 가요？（行きますか）

基本形	丁寧語の敬体（1・2・3人称）	丁寧語の敬体の疑問形（2・3人称）
기다리다 （待つ）	…………… （待ちます）	……………？ （待ちますか）
보내다 （送る）	…………… （送ります）	……………？ （送りますか）
배우다 （学ぶ）	…………… （学びます）	……………？ （学びますか）
나가다 （出かける）	…………… （出かけます）	……………？ （出かけますか）
앉다 （座る）	…………… （座ります）	……………？ （座りますか）
먹다 （食べる）	…………… （食べます）	……………？ （食べますか）

2 **次の単語の基本形を母音縮約の例外に注意しながら丁寧語の敬体（−아요 / 어요）とその疑問形に直し なさい。**

例 가다（行く）→가요（行きます）→ 가요？（行きますか）

基本形	丁寧語の敬体（1・2・3人称）	丁寧語の敬体の疑問形（2・3人称）
하다 （する）	…………… …………… （します）	……………？ ……………？ （しますか）

되다 (なる)	.... （なります）	....　？ ....　？ （なりますか）
이다 (だ・である)	子音体言： 母音体言： （です）	子音体言：　　　　　　　　　　　　？ 母音体言：　　　　　　　　　　　　？ （ですか）

3 用言の母音縮約（丁寧語の敬体：－아요 / 어요）に注意しながら下線を埋めて、会話文を読みなさい。

（1）A：오늘은 등산을 ＿＿＿＿＿＿＿＿＿ （하다）？

（今日は登山を<u>します</u>か。）

B：아니오, 연극을 ＿＿＿＿＿＿＿＿＿ （보다）.

（いいえ、演劇を<u>みます</u>。）

（2）A：이 사람은 누구 ＿＿＿＿＿＿＿＿＿ （이다）？

（この人は誰<u>です</u>か。）

B：제 동생 ＿＿＿＿＿＿＿＿＿ （이다）.

（私の弟<u>です</u>。）

21
🔊 **4** 音声を聞いて括弧を埋めなさい（2 回読み上げる）。

（1）한국 （　　　　　　　　　　　　　）？

（2）불고기하고 （　　　　　　　　　　　）.

김해국제공항 （金海国際空港）

p23「韓国全図」を併せて参照

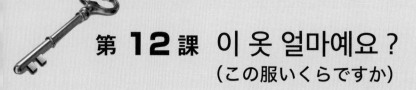

第 12 課 이 옷 얼마예요?
(この服いくらですか)

☑ **授業内容**：漢数詞を使う会話を学習する。

☑ **授業目標**：漢数詞を使う買い物の会話とその聞き取りができる。

22

店員：어서 오세요.

田中：이 옷 얼마예요?

店員：삼만 원이에요.

田中：저 장갑은 얼마예요?

店員：오천 원이에요.

田中：그 장갑 주세요.

≫ **本文の訳**

店員：いらっしゃいませ。

田中：この服はいくらですか。

店員：3万ウォンです。

田中：あの手袋はいくらですか。

店員：5千ウォンです。

田中：その手袋を下さい。

》発音のポイント

옷 → ［옫］

원이에요 → ［워니에요］

장갑은 → ［장가븐］

》語句ポイント

＊尊敬語の敬体

- 子音語幹 + 으시 + 어요 → 으세요

  例 앉다（座る）→앉 + 으시 + 어요→앉 + 으세요→앉으세요（座られます）

- 母音語幹 + 시 + 어요→세요

  例 하다（する）→하 + 시 + 어요→하 + 세요→하세요（されます）

＊丁寧語の敬体

- 이다（だ、である）

  例 이 + 어요→이어요（×）→子音（体言）+ 이에요（○）、母音（体言）+ 예요（○）

● 授受動詞：「주다」

① あげる

  例 아빠가 동생에게 그림책을 준다 . （パパが弟に絵本をあげる）

② くれる

  例 누나가 나에게 연필을 준다 . （姉が僕に鉛筆をくれる）

》学習ポイント

● 漢数詞

1	2	3	4	5	6	7	8	9	10
일	이	삼	사	오	육	칠	팔	구	십

11	12	13	14	……	20	30	40	50	60
십일	십이	십삼	십사	……	이십	삼십	사십	오십	육십

70	80	90	百	千	万	億	兆	0
칠십	팔십	구십	백	천	만	억	조	영 / 공

● 漢数詞を使う時

① 値段（ウォン：원）　　　　　　　例 3200 ウォン（삼천이백 원）

② 年月日（년월일）　　　　　　　　例 1999 年 4 月 1 日（천구백구십구 년 사 월 일 일）

③ 時間：分（분）、秒（초）　　　　例 20 分 15 秒（이십 분 십오 초）

④ 月（월）　　　　　　　　　　　　例 5 月（오 월）

⑤ 建物の階数：層（층）　　　　　　例 63 層（육십삼 층）

⑥ 重さ（kg：킬로그램、g：그램）　例 2kg（이 킬로그램）

⑦ 長さ（km：킬로미터、m：미터、cm：센티미터、mm：밀리미터）　例 4km（사 킬로미터）

⑧ 泊（박）　　　　　例 5 泊（오 박）

⑨ 歳（세）　　　　　例 35 歳（삼십오 세）

⑩ 温度：度（도）　　例 25 度（이십오 도）

⑪ ％：퍼센트　　　　例 70%（칠십 퍼센트）

⑫ ドル：弗（불）、Dollar：달러　例 130 Dollar（백삼십 달러）

⑬ 円：엔　　　　　　例 2700 円（이천칠백 엔）

⑭ 回（회）　　　　　例 6 回（육 회）

⑮ 人前：人分（인분）　例 2 人分（이 인분）

＊注意事項

・「6 月と 10 月」の場合は、「유월、시월」という。

・「1 万」の場合は、「만」という。

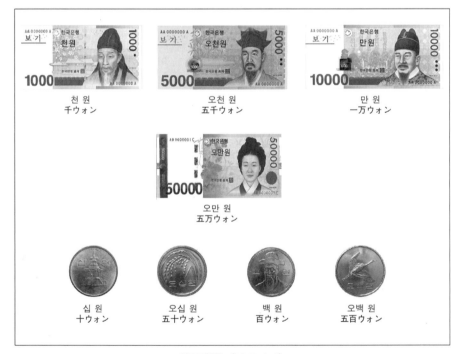

千 원
千ウォン

오천 원
五千ウォン

만 원
一万ウォン

오만 원
五万ウォン

십 원
十ウォン

오십 원
五十ウォン

백 원
百ウォン

오백 원
五百ウォン

韓国貨幣（한국화폐）

1 次の1〜10までの漢数詞を書きなさい。

1	2	3	4	5	6	7	8	9	10
(___)	(___)	(___)	(___)	(___)	(___)	(___)	(___)	(___)	(___)

2 漢数詞に注意しながら下線を埋めて、会話文を読みなさい。

（1）A：생일은 언제예요?

　　　（誕生日はいつですか。）

　　B：_____이에요.

　　　（<u>4月25日</u>です。）

（2）A：사무실은 몇 층에 있어요?

　　　（事務室は何階にありますか。）

　　B：_____에 있어요.

　　　（<u>7階</u>にあります。）

3 音声を聞いて括弧を埋めなさい（2回読み上げる）。

（1）이 옷 (　　　　　　　　　　)?

（2）(　　　　　　　　　　).

이 옷 얼마예요? (この服いくらですか)

第 13課 지금 몇 시입니까？
（今何時ですか）

✅ **授業内容**：固有数詞を使う会話を学習する。

✅ **授業目標**：固有数詞を使う会話とその聞き取りができる。

24

田中： 지금 몇 시입니까？

職員： 아홉 시입니다.

田中： 다음 열차는 몇 시에 출발해요？

職員： 아홉 시 이십오 분입니다.

>> **本文の訳**

田中：今何時ですか。

職員：9時です。

田中：次の列車は何時に出発しますか。

職員：9時25分です。

▶▶ 発音のポイント

몇 시입니까 → [멷 씨임니까]〈濃音化・鼻音化〉

아홉 시입니다 → [아홉 씨임니다]〈濃音化・鼻音化〉

오분입니다 → [오부님니다]〈鼻音化〉

▶▶ 学習ポイント

● 固有数詞

1	2	3	4	5	6	7	8	9	10
하나	둘	셋	넷	다섯	여섯	일곱	여덟	아홉	열
(한)	(두)	(세)	(네)						

11	12	13	14	·····	20
열하나	열둘	열셋	열넷	····	스물
(열한)	(열두)	(열세)	(열네)		(스무)

30	40	50	60	70	80	90	100
서른	마흔	쉰	예순	일흔	여든	아흔	백

* （ ）助数詞が付く時の読み方

〇／百／千／万／億／兆は漢数詞と同様に読む

● 固有数詞を使う時

① 個（개） 例 6 개 （여섯 개）

② 固有語単位の年齢：살 例 22 살 （스물두 살）

③ 時間（時：시） 例 7 시 （일곱 시）

④ 種類（종류）、가지 例 6 종류 （여섯 종류）、5 가지 （다섯 가지）

⑤ 固有語単位の人数（名：명）：사람 例 10 사람 （열 사람）

⑥ 枚：장 例 8 장 （여덟 장）

⑦ 株：포기 例 9 포기 （아홉 포기）

⑧ 瓶（병） 例 3 병 （세 병）

⑨ 着：벌 例 1 벌 （한 벌）

⑩ 台（대） 例 2 대 （두 대）

⑪箱：갑　　例 4 갑 （네 갑）

⑫冊：권　　例 15 권 （열다섯 권）

⑬匹：마리　例 20 마리 （스무 마리）

⑭房：송이　例 30 송이 （서른 송이）

⑮度：번　　例 40 번 （마흔 번）

＊注意事項

- 1 ～ 4、20、そして 1 ～ 10 のつく 10 単位以上の場合で単位が伴うと、「한、두、세、네、스물」：
  となる
  例 1 대 （한 대）、20 살 （스무 살）、33 살 （서른세 살）

＊期間

1	2	3	4	5	6	7	8	9	10
하루	이틀	사흘	나흘	닷세	엿세	이레	여드레	아흐레	열흘

＊電話番号の読み方

① 局番 （漢数詞） － 番号 （固有数詞）
② 局番 （固有数詞） － 番号 （漢数詞）
③ 局番 （漢数詞） － 番号 （漢数詞）
④ 局番 （固有数詞） － 番号 （固有数詞）

도라지 꽃 （桔梗の花）

1 次の1〜10までの固有数詞を書きなさい。

1	2	3	4	5	6	7	8	9	10
____	____	____	____	____	____	____	____	____	____
(__)	(__)	(__)	(__)						

2 固有数詞に注意しながら下線を埋めて、会話文を読みなさい。

（1）A：학생이 몇 명 있어요?

　　　　（学生は何名いますか。）

　　　B：＿＿＿＿＿＿＿있어요.

　　　　（15名います。）

（2）A：이 사과 ＿＿＿＿＿ 주세요.

　　　　（このりんご7個下さい。）

　　　B：여기에 있어요.

　　　　（ここにあります：どうぞ。）

25
3 音声を聞いて括弧を埋めなさい（2回読み上げる）。

（1）（　　　　　　　　　　　　　　　）？

（2）（　　　　　　　　　　　　　　）．

第 **14** 課 오랜만이에요.

（お久しぶりです）

✅ **授業内容**：久しぶりに会う時の会話を学習する。

✅ **授業目標**：久しぶりに会う時の会話とその聞き取りができる。

26

田中: 유진 씨, 오랜만이에요.

유진: 다나카 씨, 참 오랜만이에요.

田中: 건강하게 지내세요 ?

유진: 덕분에 아주 건강하게 지내요.

田中: 그럼 다시 만나요.

유진: 예, 다음에 또 봐요.

>> **本文の訳**

田中 : ユジンさん、お久しぶりです。

유진 : 田中さん、本当にお久しぶりです。

田中 : 元気に過ごしていらっしゃいますか。

유진 : おかげでとても元気に過ごしています。

田中 : では、また会いましょう。

유진 : はい、今度、また会いましょう。

≫ 発音のポイント

오랜만이에요 → ［오랜마니에요］

덕분에 → ［덕뿌네］〈濃音化〉

다음에 → ［다으메］

≫ 学習ポイント

● 形容詞の副詞形

① 形容詞の語幹 + 게

例 건강하다（元気だ）→ 건강하게（元気に）

② 形容詞の하다→히

例 건강하다（元気だ）→ 건강히（元気に）

③ 形容詞の語幹 + 이

例 많다（多い）→ 많이（多く）

練習問題

27

1 日常の様々な言い方と挨拶を覚えよう。

（1） 실례합니다. / 실례해요.（失礼します）

미안합니다. / 미안해요.（すみません）

죄송합니다. / 죄송해요.（恐れ入ります）

（2） 실례합니다만···/ 실례지만···（失礼ですが…）

미안합니다만···/ 미안하지만···（すみませんが…）

죄송합니다만···/ 죄송하지만···（恐れ入りますが…）

*話し始めや尋ねたりするときの前置きとして使う。

（3） 저기요.（あのですね / すみません）

여보세요.（電話の時は「もしもし」、人を呼ぶときは「すみません」の意味）

（4） A : 잘 하시네요.（よくできますね・お上手ですね）

B : 아뇨, 잘 못해요.（いいえ、まだよくできません。うまくありません）

新版 韓国理解への鍵　　**99**

(5) A：고맙습니다. / 고마워요. （ありがとうございます）

　　B：천만에요. / 별 말씀을. （とんでもございません / どういたしまして）

(6) A：감사합니다. / 감사해요. （感謝します / ありがとう）

　　B：아닙니다. / 아뇨. （いいえ / どういたしまして）

(7) A：또 만나요. / 또 봐요. / 또 만납시다. （また会いましょう）

　　B：네, 또 만나요. / 네, 또 봐요. / 네, 또 만납시다.

　　　（はい、また会いましょう）

　　＊この / は、類似したケースを並べるという意味である。

2　日本語を参考にしながら下線を埋めて、会話文を読みなさい。

(1) A：＿＿＿＿＿＿＿ , 도서관에서 만나요 .

　　　（すみませんが、図書館で会いましょう。）

　　B：그렇게 해요 .

　　　（そうしましょう。）

(2) A：같이 식사해요 .

　　　（一緒に食事しましょう。）

　　B：＿＿＿＿＿＿＿＿＿＿＿＿ .

　　　（感謝します。）

28

🔊 3　音声を聞いて括弧を埋めなさい （2 回読み上げる）。

(1) 유진 씨, (　　　　　　　　　　　　) .

(2) (　　　　　　　　　　　　　　　) ?

(3) 그럼 (　　　　　　　　　　　　　) .

부산타워（釜山タワー）

所在地：釜山広域市 中区 龍頭山キル 37-55
竜頭山に立ち、その高さは 120m、山の高さを合わせると 169m になる。
晴天の日は対馬が展望できる。

p23「韓国全図」を併せて参照

第 15 課 어제는 뭘 했어요?
（昨日は何をしましたか）

✅ **授業内容**：過去形を使う会話を学習する。

✅ **授業目標**：過去形を使う会話とその聞き取りができる。

유진: 어제는 뭘 했어요?

田中: 영화를 보러 갔어요.

유진: 무슨 영화였어요?

田中: 액션 영화인데 재미있었어요.

▶▶ 本文の訳

유진：昨日は何をしましたか。

田中：映画をみに行きました。

유진：どんな映画でしたか。

田中：アクション映画で面白かったです。

≫ 発音のポイント

했어요 → ［해써요］

갔어요 → ［가써요］

영화였어요 → ［영화여써어요］

액션 → ［액쎤］〈濃音化〉

재미있었어요 → ［재미이써써요］

≫ 縮約ポイント

뭘 → 무얼 → 무엇을（何を）

≫ 語句ポイント

그끄저께	그저께	어제	오늘	내일	모레	글피
一昨々日	一昨日	昨日	今日	明日	明後日	明々後日

- ーㄴ데 / 는데 : －だが、－だから、－ので、－のに

- ー러 / 으러 가다 : －しに行く

≫ 文法ポイント

● 過去形

- 陽母音語幹（ㅏ、ㅗ）＋ 았
  　例　놀다（遊ぶ）→놀았다（遊んだ）→놀았습니다（遊びました）／놀았어요（遊びました）

- 陰母音語幹（ㅏ、ㅗ以外）＋ 었
  　例　먹다(食べる)→먹었다(食べた)→먹었습니다(食べました)／먹었어요(食べました)

● 過去形も語幹にバッチムのない用言は縮約が起きる〈第11課参照〉

- 하다（する、いう）
  하 ＋ 았 ＋ 습니다 / 아요→하았습니다 / 아요（×）→했습니다 / 했어요（○）、하였습니다 / 하였어요（○）〈例外的に覚えること！〉

- 되다（なる、される）
  되 ＋ 었 ＋ 습니다 / 어요→되었습니다 / 되었어요（○）、됐습니다 / 됐어요（○）

- 이다 (だ、である)

  자음체언 + 이 + 었 + 습니다 / 어요→이었습니다 / 이었어요 (○)

  모음체언 + 이 + 었 + 습니다 / 어요→였습니다 / 였어요 (○)

● **形容詞・動詞の過去形**：「ーㅂ다」〈ㅂ変則は、付録（表4）「用言活用表」、（表5）「変則活用用言」参照〉

  웠：ㅂ脱落語幹 + <u>우 + 었</u> + 어요

  例 그립다（恋しい）→그리 + <u>우 + 었</u> + 어요→그리웠어요（恋しかったです）

  　굽다（焼く）→구 + <u>우 + 었</u> + 어요→구웠어요（焼きました）

  　〈例外〉왔：ㅂ脱落語幹 + <u>오 + 았</u> + 어요

  例 곱다（美しい）→고 + <u>오 + 았</u> + 어요→고왔어요（美しかったです）

  　돕다（手伝う）→도 + <u>오 + 았</u> + 어요→도왔어요（手伝いました）

練習問題

1 次の単語の基本形を母音縮約に注意しながら、丁寧語(最敬体・敬体)の過去形(ー았 / 었)
に直しなさい。

  例 가다（行く）→갔습니다（行きました）→ 갔어요（行きました）

基本形	丁寧語（最敬体）の過去形	丁寧語（敬体）の過去形
다니다 （通う）	 （通いました）	 （通いました）
건너다 （渡る）	 （渡りました）	 （渡りました）
나오다 （出る）	 （出ました）	 （出ました）
만들다 （作る）	 （作りました）	 （作りました）
받다 （もらう）	 （もらいました）	 （もらいました）
살다 （住む）	 （住みました）	 （住みました）

2 次の単語の基本形を母音縮約の例外に注意しながら、丁寧語（最敬体：−ㅂ니다 / 습니다・敬体：−아요 / 어요）の過去形（−았 / 었）に直しなさい。

例 가다（行く）→갔습니다（行きました）→ 갔어요（行きました）

基本形	丁寧語（最敬体）の過去形	丁寧語（敬体）の過去形
하다 （する）	⋯⋯⋯⋯⋯⋯⋯⋯⋯⋯ ⋯⋯⋯⋯⋯⋯⋯⋯⋯⋯ （しました）	⋯⋯⋯⋯⋯⋯⋯⋯⋯⋯ ⋯⋯⋯⋯⋯⋯⋯⋯⋯⋯ （しました）
되다 （なる）	⋯⋯⋯⋯⋯⋯⋯⋯⋯⋯ ⋯⋯⋯⋯⋯⋯⋯⋯⋯⋯ （なりました）	⋯⋯⋯⋯⋯⋯⋯⋯⋯⋯ ⋯⋯⋯⋯⋯⋯⋯⋯⋯⋯ （なりました）
이다 （だ・である）	子音体言：⋯⋯⋯⋯⋯ 母音体言：⋯⋯⋯⋯⋯ （でした）	子音体言：⋯⋯⋯⋯⋯ 母音体言：⋯⋯⋯⋯⋯ （でした）

3 括弧の動詞を過去形（A は丁寧語の最敬体：−ㅂ니다 / 습니다、B は丁寧語の敬体：−아요 / 어요）に直し書き入れて、会話文を読みなさい。

（1）A：백화점에서 뭘＿＿＿＿＿（사다）？ （百貨店で何を<u>買いましたか</u>。）

　　 B：옷을 ＿＿＿＿＿＿＿（사다）. （服を<u>買いました</u>。）

（2）A：식당에서 뭘＿＿＿＿＿＿（먹다）? （食堂で何を<u>食べましたか</u>。）

　　 B：삼계탕을 ＿＿＿＿＿＿＿（먹다）. （参鶏湯を<u>食べました</u>。）

30
🔊 **4** 音声を聞いて括弧を埋めなさい（2回読み上げる）。

（1）어제는（　　　　　　　　）？

（2）（　　　　　　　　　　）.

第 16 課　K(케이)팝은 안 들어요?
(K ポップは聞かないですか)

✅ **授業内容**：否定・可能・不可能の会話を学習する。

✅ **授業目標**：否定・可能・不可能の会話とその聞き取りができる。

31

田中: 유진 씨는 K(케이)팝을 좋아하세요?

유진: 아뇨, 별로 좋아하지 않아요.

田中: K(케이)팝은 안 들어요?

유진: 가끔 듣기는 해요.

田中: 춤은 출 수 있어요?

유진: 잘 추지 못해요.

>> **本文の訳**

田中: ユジンさんは K ポップが好きですか。

유진: いいえ、あまり好きではありません。

田中: K ポップは聞かないですか。

유진: たまに聞くことはします。

田中: 踊ることはできますか。

유진: 良く踊ることができません。

≫ 発音のポイント

팝을 → ［파블］

좋아하세요 → ［조아하세요］

않아요 → 안아요 → ［아나요］

팝은 → ［파븐］

들어요 → ［드러요］

듣기는 → ［듣끼는］〈濃音化〉

춤은 → ［추믄］

출 수 → ［출 쑤］〈濃音化〉

있어요 → ［이써요］

못해요 → 몯＋해요 → ［모태요］〈激音化〉

≫ 学習ポイント

듣다：듣＋어요（ㄷが脱落）드＋ㄹ어요 → 들어요（ㄷ変則）

듣기：듣다 → 듣＋기（用言の名詞形）

≫ 文法ポイント

● 否定形

- **前置否定**：안 ＋ 用言

  例 먹다（食べる）→안 먹다（食べない）→안 먹습니다（食べません）

  但し、－하다動詞は－하다の前に안を付ける。

  식사하다（食事する）→식사 안 하다（食事しない）→식사 안 합니다（食事しません）

- **後置否定**：用言の語幹 ＋ 지 않다

  例 먹다（食べる）→먹지 않다（食べない）→먹지 않습니다（食べません）

  但し、補助語幹－겠の動詞は않の次に－겠を付ける。

  먹겠다（食べる）→먹지 않겠다（食べない）→먹지 않겠습니다（食べません）

● 可能と不可能

- －ㄹ／을 수 있다：－することができる

  例 김치를 먹을 수 있습니다.（キムチを食べることができます）

- －ㄹ／을 수 없다：－することができきない

  例 술을 마실 수 없습니다.（酒を飲むことができません）

● 못否定（不可能）

- **前置**：못 ＋ 用言

  例 먹다（食べる）：못 먹다（食べられない）→ 못 먹습니다（食べられません）

- **後置**：用言の語幹지 ＋ 못 하다

  例 먹다（食べる）：먹지 못 하다（食べられない）→먹지 못 합니다（食べられません）

〈用言の名詞形〉

① 用言の語幹 ＋ 기

  例 듣다（聞く）→ 듣기（聞くこと）、하다（する）→ 하기（すること）

② 用言の語幹 ＋ ㅁ／음

  例 먹다（食べる）→먹음（食べること）、하다（する）→함（すること）

③ 用言の語幹 ＋ 이

  例 먹다（食べる）→먹이（餌）

＊ －ㅂ다の名詞の一部、そして－ㅂ다形容詞の名詞②は－움をつける（ㅂ変則）

  例 돕다（手伝う）→도움（手伝い）、그립다（恋しい）→그리움（恋しさ）

練習問題

1 次の単語の基本形を前置否定と後置否定に直しなさい。

例 가다（行く）→안 갑니다（行きません）→ 가지 않습니다（行きません）

基本形	前置否定	後置否定
버리다 （捨てる）	…………………………… （捨てません）	…………………………… （捨てません）
뽑다 （選ぶ）	…………………………… （選びません）	…………………………… （選びません）
움직이다 （動く）	…………………………… （動きません）	…………………………… （動きません）
공부하다 （勉強する）	…………………………… （勉強しません）	…………………………… （勉強しません）

2 次の単語の基本形を可能と不可能に直しなさい。

例 가다（行く）→갈 수 있습니다（行くことができます）→갈 수 없습니다（行くことができません）

基本形	可能	不可能
자다 （寝る）	…………… （寝ることができます）	…………… （寝ることができません）
치다 （打つ）	…………… （打つことができます）	…………… （打つことができません）
씻다 （洗う）	…………… （洗うことができます）	…………… （洗うことができません）
운동하다 （運動する）	…………… （運動することができます）	…………… （運動することができません）

3 次の会話を前置否定と後置否定に完成させて、会話文を読みなさい。

（1）A：매일 신문을 읽어요?

（毎日、新聞を読みますか。）

B：매일은 ＿＿＿＿＿＿＿（읽다）.

（毎日は読みません。）

→ 前置否定（丁寧語の敬体）

（2）A：스파게티를 좋아해요?

（スパゲッティが好きですか。）

B：＿＿＿＿＿＿＿＿＿＿（좋아하다）.

（好きではありません。）

→ 後置否定（丁寧語の敬体）

16

4 次の会話の中で可能・不可能・못不可能を用いて文章を完成させ、会話文を読みなさい。

（1）A : 한국어는 ＿＿＿＿＿＿＿ （쓰다）？

（韓国語は書くことができますか。）

→ 可能（丁寧語の敬体）

B : 아뇨 , 한국어는 ＿＿＿＿＿＿＿ （쓰다）.

（いいえ、韓国語は書くことができません。）

→ 不可能（丁寧語の敬体）

（2）A : 한국 음식은 ＿＿＿＿＿＿＿ （만들다）？

（韓国料理は作ることができますか。）

→ 可能（丁寧語の敬体）

B : 아뇨 , 한국 음식은 ＿＿＿＿＿＿＿ （만들다）.

（いいえ、韓国料理は作ることができません。）

→ 못不可能（丁寧語の敬体）

5 音声を聞いて括弧を埋めなさい（2 回読み上げる）。

（1）유진 씨는 K（케이）팝을 （　　　　　　　　　）？

（2）아뇨, （　　　　　　　　　　　）.

진달래 꽃（カラムラサキツツジの花）

대구국제공항（大邱国際空港）

p23「韓国全図」を併せて参照

第 17 課 일요일에는 뭘 할 거예요?
（日曜日には何をするのですか）

◎ **授業内容**：未来連体形の会話を学習する。

◎ **授業目標**：未来連体形の会話とその聞き取りができる。

33

田中 : 일요일에는 뭘 할 거예요?

유진 : 빨래도 하고 집에서 쉴 생각이에요.

田中 : 저녁에 같이 식사할 시간은 있어요?

유진 : 예, 있어요.

田中 : 그럼, 여섯 시에 학교 앞 피자 집에서

만나요.

유진 : 그렇게 해요.

>> **本文の訳**

田中 : 日曜日には何をするのですか。

유진 : 洗濯もして家で休むつもりです。

田中 : 夕方に、一緒に食事する時間はありますか。

유진 : はい、あります。

田中 : では、6時に、学校前のピザ屋で会いましょう。

유진 : そうしましょう。

≫ 発音のポイント

일요일에는 → ［이료이레는］

할 거예요 → ［할 꺼예요］〈濃音化〉

집에서 → ［지베서］

생각이에요 → ［생가기에요］

저녁에 → ［저녀게］

같이 → 가티 （×） → ［가치］〈口蓋音化〉

식사할 → ［식싸할］〈濃音化〉

시간은 → ［시가는］

있어요 → ［이써요］

여섯 시에 → ［여섣 씨에］〈濃音化〉

학교 → ［학꾜］〈濃音化〉

앞 → ［압］

피자 집에서 → ［피자 찌베서］〈濃音化〉

그렇게 → ［그러케］〈激音化〉

≫ 縮約ポイント

뭘 → 무얼 → 무엇을

거예요 → 것이에요

≫ 学習ポイント

월요일	화요일	수요일	목요일	금요일	토요일	일요일
月曜日	火曜日	水曜日	木曜日	金曜日	土曜日	日曜日

－ㄹ / 을 거예요 : －はずです、－と思います、－つもりです

살구 꽃 （杏子の花）

》 文法ポイント

● 未来連体形

品詞	未来	日本語訳 （現在形）	例
動詞	・子音語幹＋을 ・母音語幹＋ㄹ ・ㄹ語幹　＋ㄹ 　（語幹のㄹは脱落）	－する	먹다(食べる)→먹을 하다(する)→할 놀다(遊ぶ)→놀
形容詞	・子音語幹＋을 ・母音語幹＋ㄹ ・ㄹ語幹　＋ㄹ 　（語幹のㄹは脱落）	－な、－い	높다(高い)→높을 싸다(安い)→쌀 길다(長い)→길
指定詞	ㄹ	である	이다(だ、である)→일
存在詞	을	ある／いる ない／いない	있다(ある・いる)→있을 없다(ない・いない)→없을

例　이것은　내일　┆먹을┆　빵입니다.

　　（これは　明日　┆食べる┆　パンです）

＊　一部の－ㅂ다動詞の未来連体形は－울をつける（ㅂ変則）

例　돕다(手伝う)→도울、굽다(焼く)→구울

＊　－ㅂ다の形容詞の未来連体形は－울をつける（ㅂ変則）

例　그립다(恋しい)→그리울

봉숭아 꽃＝봉선화（鳳仙花）

1 下線の日本語の単語を参考にし、韓国語の未来連体形を書きなさい。

品詞	動詞	形容詞	指定詞	存在詞
日本語	朝に<u>飲む</u>牛乳	<u>涼しい</u>夜の時間	大学生<u>である</u>時	家に<u>いない</u>時
韓国語	아침에＿＿＿ (마시다) 우유	＿＿＿ (시원하다) 밤시간	대학생 ＿＿＿ (이다) 때	집에＿＿＿ (없다) 때

2 次の会話の中に未来連体形を書き入れ、会話文を読みなさい。

（1） A : 감이＿＿＿＿＿ (익다) 계절이에요.

（柿が<u>熟する</u>季節です。）

B : 국화도＿＿＿＿＿ (피다) 거예요.

（菊の花も<u>咲く</u>ことでしょう。）

（2） A : 테니스를＿＿＿＿＿ (치다) 때는 물을 준비하세요.

（テニスを<u>する</u>時は水を準備して下さい。）

B : 준비 운동도＿＿＿＿＿ (하다) 필요가 있어요.

（準備運動も<u>する</u>必要があります。）

34
3 音声を聞いて括弧を埋めなさい（2回読み上げる）。

（1） 일요일에는 （   ）?

（2） 빨래도 하고 집에서 （   ）.

第 **18** 課　갈비는 손으로 먹는 음식이에요.
（カルビは手で食べる料理です）

✅ **授業内容**：現在連体形の会話を学習する。

✅ **授業目標**：現在連体形の会話とその聞き取りができる。

35

유진：어서 오세요.

田中：초대해 주셔서 감사합니다.

유진：이쪽으로 앉아서 많이 드세요.

田中：고맙습니다.

유진：이 갈비는 손으로 먹는 음식이에요.

田中：예, 잘 먹겠습니다.

>> **本文の訳**

유진：いらっしゃいませ。

田中：招待して下さり、感謝いたします。

유진：こちらに座り、たくさん召し上がってください。

田中：ありがとうございます。

유진：このカルビは手で食べる料理（食べ物）です。

田中：はい、いただきます。

≫ 発音のポイント

감사합니다 → ［감사함니다］〈鼻音化〉

이쪽으로 → ［이쪼그로］

앉아서 → ［안자서］

많이 → 만이 → ［마니］

고맙습니다 → ［고맙씀니다］〈濃音化・鼻音化〉

손으로 → ［소느로］

먹는 → ［멍는］〈鼻音化〉

음식이에요 → ［음시기에요］

먹겠습니다 → 먹껫씀니다 → ［먹껟씀니다］〈濃音化・鼻音化〉

≫ 学習ポイント

－아 / 어 주셔서 고맙습니다 : －て下さり、感謝します（ありがとうございます）。

많이 : 많다 → 많＋이（用言の副詞形）

≫ 文法ポイント

● 現在連体形

品詞	現在	日本語訳（現在形、または現在進行形）	例
動詞	・子音／母音語幹＋는 ・ㄹ語幹　　　＋는 　（語幹のㄹは脱落）	－する、－ている	먹다(食べる)→먹는、하다(する) →하는 놀다(遊ぶ)→노는
形容詞	・子音語幹＋은 ・母音語幹＋ㄴ ・ㄹ語幹　＋ㄴ 　（語幹のㄹは脱落）	－な、－い	높다(高い)→높은 싸다(安い)→싼 길다(長い)→긴
指定詞	ㄴ	である	이다(だ、である)→인
存在詞	는	ある / いる ない / いない	있다(ある / いる)→있는 없다(ない / いない)→없는

例 지금 ┆하는┆ 경기는 친선시합입니다 .

（今 ┆する┆ 競技は 親善試合です）

┆している┆

＊ －ㅂ다の形容詞の現在連体形は－운をつける（ㅂ変則）

例 그립다(恋しい)→그리운

練習問題

1 下線の日本語の単語を参考にし、韓国語の現在連体形を書きなさい。

品詞	動詞	形容詞	指定詞	存在詞
日本語	<u>休む</u>空間	<u>広い</u>部屋	大学生<u>である</u>人	教室に<u>いる</u>学生
韓国語	＿＿＿ （쉬다） 공간	＿＿＿ （넓다） 방	대학생＿＿＿ （이다） 사람	교실에＿＿＿ （있다） 학생

2 次の会話の中に現在連体形を書き入れ、会話文を読みなさい。

（1）A：편의점에서 복사를＿＿＿＿＿ (하다) 사람이 있어요?

　　　（コンビニで複写を<u>する</u>人がいますか。）

　　　B：화장품을＿＿＿＿＿ (사다) 사람도 있어요.

　　　（化粧品を<u>買う</u>人もいます。）

（2）A：일요일에는 야외에＿＿＿＿＿ (나가다) 가족이 많아요?

　　　（日曜日には野外に<u>出かける</u>家族は多いですか。）

　　　B：취미 생활로 시간을＿＿＿＿＿ (보내다) 청소년도 있어요.

　　　（趣味生活で時間を<u>過ごす</u>青少年もいます。）

3 以下の招待された時、食事の場面で交わす会話文を読みなさい。

36

（1）A：많이 드세요. （たくさん召し上がって下さい）

　　　B：예, 잘 먹겠습니다. （はい、いただきます）

（2） A：음식이 입에 맞으세요？（食べ物は口に合いますか）

　　 B：네, 아주 맛있습니다.（はい、とても美味しいです）

（3） A：더 드세요.（もっと召し上がって下さい）

　　 B：많이 먹었습니다.（たくさん食べました）

（4） A：그만 드세요？（もう召し上がらないですか）

　　 B：예, 잘 먹었습니다.（はい、ごちそうさまでした）

37

4 **音声を聞いて括弧を埋めなさい**（2回読み上げる）。

（1）（　　　　　　　　　　　　　　　　　）.

（2）（　　　　　　　　　　　　　　　　　　　　）.

남대문 시장（南大門 市場）

所在地：ソウル特別市 中区 南大門市場4キル21
南大門（崇礼門）付近に所在する韓国最大の市場である。
p35「ソウルの区地図」を併せて参照

갈비는 손으로 먹는 음식이에요.（カルビは手で食べる料理です）

第19課 일본에서 온 친구하고 어디에 갔어요?

(日本からきた友達とどこに行きましたか)

✅ **授業内容**：過去連体形の会話を学習する。

✅ **授業目標**：過去連体形の会話とその聞き取りができる。

38

유진 : 어제는 일본에서 온 친구하고 어디에 갔어요?

田中 : 명동에 가서 즐겁게 보냈어요.

유진 : 한국 음식도 먹었어요?

田中 : 좀 맵지만 떡볶이를 먹었어요.

유진 : 남산에도 한 번 가 보세요.

田中 : 꼭 가보려고 해요.

>> **本文の訳**

유진 : 昨日は、日本からきた友達とどこに行きましたか。

田中 : 明洞に行って楽しく過ごしました。

유진 : 韓国料理も食べましたか。

田中 : ちょっと辛いけれど、トッポッキを食べました。

유진 : 南山にも一度行ってみてください。

田中 : 必ず行ってみようと思います。

≫ 発音のポイント

일본에서 → ［일보네서］

갔어요 → ［가써요］

즐겁게 → ［즐겁께］〈濃音化〉

보냈어요 → ［보내써요］

한국음식도 → ［한구금식또］〈濃音化〉

먹었어요 → ［머거써요］

맵지만 → ［맵찌만］〈濃音化〉

떡볶이를 → ［떡뽀끼를］〈濃音化〉

≫ 学習ポイント

－아서 / 어서：－して、－くて、－ので

－지만：－が、－けれども、－けれど

－아 / 어 보세요：－て見てください

－려고 / 으려고 하다：－しようとする、－しようと思う

≫ 文法ポイント

● 過去連体形

品詞	過去	日本語訳 （過去形）	例
動詞	・子音語幹＋은 ・母音語幹＋ㄴ ・ㄹ語幹　＋ㄴ 　（語幹のㄹは脱落）	－した	먹다(食べる)→먹은 하다(する)→한 놀다(遊ぶ)→논
形容詞	던	－だった、 －かった	높다(高い)→높던、싸다(安い)→싸던、 길다(長い)→길던
指定詞	던	－であった	이다(だ / である)→이던
存在詞	은	あった / いた、 なかった / いなかった	있다(ある / いる)→있은、 없다(ない / いない)→없은

例　어제　공원에서　┆논┆　사람은　누구예요？

（昨日　公園で　┆遊んだ┆　人は　誰ですか）

＊ 一部の－ㅂ다の動詞の過去連体形は－운をつける（ㅂ変則）

例 돕다(手伝う)→도운、굽다(焼く)→구운

練習問題

1 下線の日本語の単語を参考にし、韓国語の過去連体形を書きなさい。

品詞	動詞	形容詞	指定詞	存在詞
日本語	夕方に買った本	塀が高かった家	学生であった時	施設にいた老人
韓国語	저녁에＿＿＿＿ (사다) 책	담이＿＿＿＿ (높다) 집	학생＿＿＿＿ (이다) 때	시설에＿＿＿＿ (있다) 노인

2 次の会話の中に過去連体形を書き入れ、会話文を読みなさい。

(1) A：점심 때＿＿＿＿＿ (먹다) 비빔밥은 맛있었어요 ?

   (昼食時に食べたビビンパは美味しかったですか。)

   B：예, 아주 맛있었어요.

   (はい、とても美味しかったです。)

(2) A：식사를＿＿＿＿＿ (하다) 뒤에 커피를 마셔요.

   (食事をした後、コーヒーを飲みましょう。)

   B：예, 그렇게 해요.

   (はい、そうしましょう。)

3 次の会話に「－려고 / 으려고 해요：－しようとします、－しようと思います」を用い、会話文を完成させて読みなさい。

（1）A：내일은 뭘 해요？

（明日は何をしますか。）

B：백화점에＿＿＿＿＿＿＿＿＿＿（가다）.

（百貨店に<u>行こうと思います</u>。）

（2）A：식당에서 뭘 먹어요？

（食堂で何を食べますか。）

B：삼계탕을＿＿＿＿＿＿＿＿＿＿（먹다）.

（参鶏湯を<u>食べようと思います</u>。）

39

4 音声を聞いて括弧を埋めなさい（2回読み上げる）。

（1）어제는 (　　　　　　　　　　) 어디에 갔어요？

（2）명동에 가서 (　　　　　　　　　　).

명동（明洞）▷

　所在地：ソウル特別市 中区 明洞
ソウルの代表的な繁華街で外国人観光
客が一番よく訪ねる場所であり、観光
特区として指定されている。
　p35「ソウルの区地図」を併せて参照

第 20 課 행사에서 받았던 할인권을 가지고 있어요 .
（催しでもらっていた割引券を持っています）

✅ **授業内容**：回想・大過去の会話を学習する。

✅ **授業目標**：回想・大過去を使う会話とその聞き取りができる。

40

유진 : 내일 오전 9(아홉) 시에 서울역에서 만나요.

田中 : 이전에 만났었던 부산행 매표소 앞이에요?

유진 : 예. 차표 할인권이 있으면 가지고 오세요.

田中 : 어떤 행사에서 받았던 할인권을 가지고 있어요.

유진 : 열차를 타기 전에 음료수를 사요.

田中 : 점심 도시락은 제가 가지고 갈게요.

》》 本文の訳

유진 : 明日の午前、9時にソウル駅で会いましょう。

田中 : この前、会った釜山行きの切符売場（売票所）の前ですか。

유진 : はい。切符の割引券があれば、持ってきてください。

田中 : ある催しでもらっていた割引券を持っています。

유진 : 列車に乗る前に、飲み物を買いましょう。

田中 : お昼の弁当は私が持っていきますね。

≫ 発音のポイント

아홉시에 → [아홉씨에]〈濃音化〉

서울역에서 → 서울녀게서 → [서울려게서]〈ㄴ添加〉〈流音化〉

이전에 → [이저네]

만났었던 만나쎘떤 → [만나썰떤]〈濃音化〉

앞이에요 → [아피에요]

할인권이 → [하린꿔니]〈濃音化〉

있으면 → [이쓰면]

받았던 → 바닷떤 → [바닫떤]〈濃音化〉

할인권을 → [하린꿔늘]〈濃音化〉

있어요 → [이써요]

전에 → [저네]

음료수를 → [음뇨수를]〈鼻音化〉

도시락은 → [도시라근]

갈게요 → [갈께요]〈濃音化〉

≫ 学習ポイント

-면 / 으면 : -なら、-たら、-ば

-기 전에 : -する前に（用言の名詞形）

-ㄹ / 을 게요 : -しますね

동대문 시장(東大門 市場)= 동대문 종합시장(東大門 綜合市場)

所在地：ソウル特別市 鐘路区 鐘路 272
鐘路4街と清渓4街から東大門（興仁之門）付近までの一帯に広がる。衣類・生地・アクセサリーの店が多い。
p35「ソウルの区地図」を併せて参照

新版 韓国理解への鍵　　**125**

〉〉 文法ポイント

● 回想・大過去

品詞	回想・大過去	日本語訳 （過去形、－ていた）	例
動詞	던、았던 / 었던・ 았었던 / 었었던	－ した － していた	먹다(食べる)→먹던、먹었던・ 먹었었던
形容詞	았던 / 었던・ 았었던 / 었었던	－ かった、 － だった	길다(長い)→길었던・ 길었었던
指定詞	었던 / 였던・ 었었던 / 였었던	－ であった	이다(だ、である)→이었던 / 였던・ 이었었던 / 였었던
存在詞	던、었던・ 었었던	あった / いた、 なかった / いなかった	있다(ある / いる)→있던、있었던・ 있었었던

例 중학교 때 ┆먹던・먹었던 / 먹었었던┆ 학교 급식은 맛있었요.

(中学校の時 ┆食べた／食べていた┆ 学校給食は   美味しかったです)

* －ㅂ다の形容詞の回想・大過去は－웠던、왔던をつける〈第15課「形容詞の過去形」参照〉

例 그립다(恋しい)→그리웠던、곱다(美しい)→고왔던

練習問題

1 次の会話に回想、または大過去を書き入れ、会話文を読みなさい。

（1）A:작년에_____(가다 : 았던 /었던)서울에 다시 가려고 해요.

（昨年、行ったソウルにもう一度行こうと思います。）

B:저는 10 년 전에_____ (보다 : 았던 / 었던) 영화를 다시
보려고 해요.

（私は 10 年前にみた映画を再度みようと思います。）

126

(2) A : 유학 때 _____ (경험하다 : 았었던 / 었었던) 일이 기억에 남아요.

（留学の時、<u>経験していた</u>ことが記憶に残ります。）

B : _____ (힘들다 : 았었던 / 었었던) 기억이에요 ?

（<u>大変だった</u>記憶ですか。）

2 次の会話に「ー기 전에 : ーする前に」、「ー면 / 으면 : ーなら、ーたら、ーば」の語句を用い、会話文を完成させて読みなさい。

(1) A : 아침밥을 _____ (먹다) 뭘 해요?

（朝飯を<u>食べる前</u>に何をしますか。）

B : 산책을 해요.

（散策をします。）

(2) A : 수업이 _____ (끝나다) 아르바이트를 해요 ?

（授業が<u>終われば</u>、アルバイトをしますか。）

B : 아뇨 , 운동을 하러 가요.

（いいえ、運動をしに行きます。）

3 音声を聞いて括弧を埋めなさい（2回読み上げる）。

(1) 내일 오전 9 시에 (　　　　　　　　　　　　).

(2) (　　　　　　　　　　　　) 부산행 매표소 앞이에요 ?

第 21 課 주문 도와 드리겠습니다.
（注文お手伝い致します）

✅ **授業内容** : 食堂で注文する会話を学習する。

✅ **授業目標** : 食堂で注文する会話とその聞き取りができる。

42

店員 : 주문 도와 드리겠습니다.

田中 : 삼겹살 삼 인분하고 사이다 세 병 주세요.

店員 : 예, 알겠습니다.

田中 : 저기요, 사이다 세 병은 너무 많으니까 두 병만 주세요.

店員 : 맛있게 드세요.

田中 : 나중에 영수증도 주세요.

>> **本文の訳**

店員 : 注文、お手伝い致します。

田中 : 三枚ばら肉３人前とサイダー３本ください。

店員 : はい、わかりました。

田中 : あのね、サイダー３本は多すぎるので、２本だけ下さい。

店員 : 美味しく召し上がって下さい。

田中 : 後で領収証も下さい。

》》発音のポイント

삼겹살 → ［삼겹쌀］〈濃音化〉

알겠습니다 → 알겟씀니다 → ［알겓씀니다］〈濃音化・鼻音化〉

많으니까 → 만으니까 → ［마느니까］

맛있게 → 마싯께 → ［마싣께］〈濃音化〉

》》学習ポイント

돕다 : 돕 + 와（ㅂが脱落）→ 돕 + 와 → 도와（ㅂ変則）

드리다 : 差し上げる（주다の謙譲語）

－겠습니다 : －いたします、－させて頂きます（謙譲語）

－니까 / 으니까 : －ので、－から、－ため

맛있게 : 맛있다 → 맛있 + 게（形容詞の副詞形）

練習問題

1 　次の会話に「－겠습니다（까）：－いたします（か）、－させて頂きます（か）」を用い、
会話文を完成させて読みなさい。

（1）A : 불고기를＿＿＿＿＿（드시다）?

（焼肉を召し上がりますか。）

B : 예 . 좋아요.

（はい。良いです。）

（2）A : 일요일까지 책장을 정리하세요.

（日曜日までに本棚を整理しなさい。）

B : 그렇게＿＿＿＿＿（하다）.

（そうのように致します。）

2 次の会話に「－니까 / 으니까：－ので、－から、－ため」の語句を用い、会話文を完成させて読みなさい。

（1）A：_____ (바쁘다)、택시를 타요.

(<u>忙しいから</u>、タクシーに乗りましょう)

B：그렇게 해요.

(そうしましょう。)

（2）A：빵이 _____ (맛있다)、더 먹어요.

(パンが<u>美味しいから</u>、もっと食べましょう。)

B：한 개 더 사요.

(もう一つ買いましょう。)

43

 **3** 音声を聞いて括弧を埋めなさい（2回読み上げる）。

（1）주문 (   ).

（2）삼겹살 삼 인분하고 사이다 (   ).

광장 시장（広蔵 市場）

所在地：ソウル特別市 鐘路区 昌慶宮路 88
鐘路 4・5 街と清渓川の間に所在する。食堂と屋台のような店
が多い。

p35「ソウルの区地図」を併せて参照

대구 83 타워 (大邱 83 タワー)

所在地：大邱広域市 達西区 頭流公園路 200
頭流公園に立ち、その高さは 202m である。
p23「韓国全図」を併せて参照

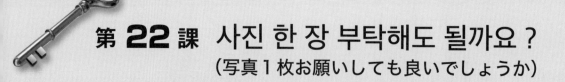

第 22 課 사진 한 장 부탁해도 될까요?
(写真1枚お願いしても良いでしょうか)

☑ **授業内容**：写真撮影を頼む会話を学習する。

☑ **授業目標**：写真撮影を頼む会話とその聞き取りができる。

44

田 中：여보세요, 사진 한 장 부탁해도 될까요?

通行人：예. 저쪽 나무 앞에 서면 좋을 것 같아요.

田 中：전부가 들어 가도록 찍어 주세요.

通行人：흐려서 잘 나올지 모르겠군요.

田 中：괜찮아요.

通行人：찍을 테니까 움직이지 마세요.

》 本文の訳

田 中：すみません（直訳：もしもし）、写真1枚お願いしても良いでしょうか。

通行人：はい。あちらの木の前に立てば良さそうです。

田 中：全部（全員）が入る（写る）ように撮って下さい。

通行人：曇りなのでよく映るかわかりませんね。

田 中：構いません。

通行人：撮るので動かないでください。

≫ 発音のポイント

부탁해도 → [부타케도]〈激音化〉

앞에 → [아페]

좋을 것 → [조을 껃]〈濃音化〉

같아요 → [가타요]

들어 → [드러]

찍어 → [찌거]

나올지 → [나올찌]〈濃音化〉

모르겠군요 → 모르겠꾼요 → [모르겓꾼뇨]〈濃音化・ㄴ添加〉

괜찮아요 → 괜찬아요 → [괜차나요]

찍을 테니까 → [찌글 테니까]

움직이지 → [움지기지]

≫ 学習ポイント

－ㄹ／을까요：－ましょうか

－면／으면：－たら、－なら、－ば、－と

－ㄹ／을 것 같다：－のようだ、－しそうだ

－도록：－ように

－아서／어서：－して、－くて、－ので

－겠군요：－はずですね、－ようですね

－ㄹ／을 테니까：－するから

－지 마세요：－ないで下さい

홍대 입구（弘大 入口）

所在地：ソウル特別市 麻浦区 東橋洞
芸術系で有名な弘益大学の近くで若者が集まる場所である。
p35「ソウルの区地図」を併せて参照

1 次の会話に「−ㄹ／을 것 같아요：−のようです、−しそうです」、「−도록：−ように」
を用い、会話文を完成させて読みなさい。

（1）A：곧 비가＿＿＿＿＿（오다）．　→「−ㄹ／을 것 같아요」を用いる。

（すぐ雨が<u>降りそうです</u>。）

B：빨리 건물 안으로 들어가요．

（急いで建物の中に入りましょう。）

（2）A：창문이＿＿＿＿＿（열리다）밀어 보세요．　→「−도록」を用いる。

（窓が<u>開くように</u>押してみて下さい。）

B：예，그렇게 할게요．

（はい、そのようにしますね。）

2 次の会話に「−아서／어서：−して、−くて、−ので」、「−겠군요：−はずですね、
−ようですね」を用い、会話文を完成させて読みなさい。

（1）A：시간을＿＿＿＿＿（내다）한 번 방문해 주세요．

（時間を<u>割いて</u>一度訪問して下さい。）

B：지금은 시간이＿＿＿＿＿（없다）갈 수 없어요．

（今は時間が<u>ないので</u>行くことができません。）
　→「−아서／어서」を用いる。

（2）A：하늘에 구름이 많아요．

（空に雲が多いです。）

B：비가＿＿＿＿＿（내리다）．

（雨が<u>降りそうですね</u>。）
　→「−겠군요」を用いる。

3 次の会話に「−ㄹ/을 테니까：−するから」、「−지 마세요：−ないで下さい」を用い、会話文を完成させて読みなさい。

（1）A：＿＿＿＿＿＿（기다리다）, 서점 출구에서 만나요.

（<u>待つから</u>書店の出口で会いましょう。）

　　　→「−ㄹ/을 테니까」を用いる。

　　B：그렇게 해도 괜찮아요 ?

（そうしても大丈夫ですか。）

（2）A：어제 하루는 집에서 책을 읽었어요.

（昨日の一日は家で本を読みました。）

　　B：너무＿＿＿＿＿＿（무리하다）.

（あまり<u>無理しないでください</u>。）

　　　→「−지 마세요」を用いる。

45

4 音声を聞いて括弧を埋めなさい（2 回読み上げる）。

（1）（　　　　　　　）, 사진 한 장（　　　　　　　　）?

（2）예 . 저쪽 나무 앞에 서면（　　　　　　　　　　）.

대학로 （大学路）
所在地：ソウル特別市 鐘路区 東崇洞
大道芸人や若者が集まる歩行者天国の地域で小劇場が多い。
p35「ソウルの区地図」を併せて参照

新版 韓国理解への鍵　　**135**

사진 한 장 부탁해도 될까요 ? （写真 1 枚お願いしても良いでしょうか）

第 **23** 課 취미는 뭐예요?

（趣味は何ですか）

☑ **授業内容**：趣味に関する会話を学習する。

☑ **授業目標**：趣味に関する会話とその聞き取りができる。

田中 : 유진 씨, 취미는 뭐예요?

유진 : 여행이에요.

田中 : 유럽에 가본 적이 있어요?

유진 : 워킹 홀리데이로 일 년간 독일에서 일을

했어요.

田中 : 가을에 같이 아프리카에 갈까요?

유진 : 계절적으로 가을은

여행하기 좋아요.

≫ 本文の訳

田中 : ユジンさん、趣味は何ですか。

유진 : 旅行です。

田中 : ヨーロッパに行ってみたことはありますか。

유진 : ワーキングホリデーで１年間ドイツで働きました。

田中 : 秋に一緒にアフリカに行きましょうか。

유진 : 季節的に秋は旅行するのに良いです。

≫ 発音のポイント

유럽에 → [유러베]

적이 → [저기]

있어요 → [이써요]

독일에서 → [도기레서]

일을 → [이를]

했어요 → [해써요]

가을에 → [가으레]

같이 → 가티（×）→ [가치]〈口蓋音化〉

계절적으로 → [계절쩌그로]〈濃音化〉

가을은 → [가으른]

좋아요 → [조아요]

≫ 縮約ポイント

뭐예요 → 무어예요 → 무엇이에요

≫ 学習ポイント

－아／어 본 적이 있다 : －してみたことがある

－ㄹ／을 까요 : －ましょうか

여행하기 : 여행하다 → 여행하＋기（用言の名詞形）

－기 좋다 : －しやすい、－のに良い

인사동（仁寺洞）

所在地：ソウル特別市 鐘路区 仁寺洞
画廊と骨董品の店が多い地区である。
p35「ソウルの区地図」を併せて参照

1 次の会話に「－아 / 어 본 적이 있어요 : －してみたことがあります」を用い、会話文を完成させて読みなさい。

(1) A : 고양이를＿＿＿＿＿＿＿＿＿＿＿＿＿ (키우다) ?

(猫を飼ってみたことがありますか。)

B : 예, 있어요.

(はい、あります。)

(2) A : 냉면을＿＿＿＿＿＿＿＿＿＿＿＿ (먹다) ?

(冷麺を食べてみたことがありますか。)

B : 불고기집에서 먹었어요.

(焼肉屋で食べました。)

2 次の会話に「－기 좋아요 : －しやすい、－のに良い」を用い、会話文を完成させて読みなさい。

(1) A : 국수는 ＿＿＿＿＿＿＿＿＿ (먹다) .

(素麺は食べやすいです。)

B : 특히 여름에는 아주 좋아요.

(特に夏にはとても良いです。)

(2) A : 서울은＿＿＿＿＿＿＿＿＿ (관광하다) ?

(ソウルは観光しやすいですか。)

B : 지하철이 너무 편리해요.

(地下鉄がとても便利です。)

3 音声を聞いて括弧を埋めなさい（2回読み上げる）。

（1）유진 씨, （　　　　　　　　　　　　　　）?.

（2）（　　　　　　　　　　　　　　　　　）.

23

취미는 뭐예요 ? （趣味は何ですか）

제주국제공항（済州国際空港）

p23「韓国全図」を併せて参照

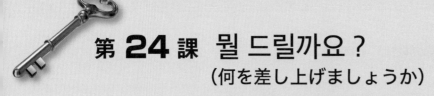

第 24 課 뭘 드릴까요？
（何を差し上げましょうか）

✅ **授業内容**：喫茶店で注文する会話を学習する。

✅ **授業目標**：喫茶店で注文する会話とその聞き取りができる。

店員： 뭘 드릴까요？

田中： 아메리카노 2(두) 잔 주세요.

店員： 저쪽 자리가 비어 있네요.

田中： 여기요, 테이블 좀 치워 주세요.

店員： 네, 죄송합니다.

田中： 치즈 케이크도 2(두)

개 추가해 주세요.

>> **本文の訳**

店員：何を差し上げましょうか。

田中：アメリカーノ2杯下さい。

店員：あちらの席が空いていますね。

田中：あのね、テーブルをちょっと片付けて下さい。

店員：はい、すみません。

田中：チーズケーキも2つ追加して下さい。

≫ 発音のポイント

있네요 → 잇네요 → 읻네요 → ［인네요］〈鼻音化〉

죄송합니다 → ［죄송함니다］〈鼻音化〉

≫ 縮約ポイント

뭘 → 무얼 → 무엇을

≫ 学習ポイント

드리다 : 差し上げる（주다の謙譲語）

－ㄹ / 을까요 : －ましょうか

－네요 : －ですね

－아 / 어 있다 : －ている、－てある（状態）

－아 / 어 주세요 : －て下さい

練習問題

1 次の会話に「－ㄹ / 을 까요 : －ましょうか」、「－세요 / 으세요 : 下さい」を用い、会話文を完成させて読みなさい。

（1）A : 물티슈를＿＿＿＿＿＿ （드리다）？

　　　　（ウェットティッシュを<u>差し上げましょうか</u>。）

　　　B : 예 . 물도 한 잔＿＿＿＿＿＿ （주다）.

　　　　（はい。水も1杯<u>下さい</u>。）

（2）A : 여기에서＿＿＿＿＿＿ （기다리다）？

　　　　（ここで<u>待ちましょうか</u>。）

　　　B : 그렇게＿＿＿＿＿＿ （하다）.

　　　　（そのように<u>して下さい</u>。）

2 次の会話に「－아/어 있어요：－ています、－てあります (状態)」、「－네요：－ですね」
を用い、会話文を完成させて読みなさい。

（1）A：공원에 갔어요?

（公園に行きましたか。）

B：예, 지금은 장미가 많이 _____ (피다).

（はい、今はバラがたくさん<u>咲いています</u>。）

→「－아/어 있어요」を用いる。

（2）A：다음주에 친구가 일본에 돌아가요.

（来週、友達が日本に帰ります。）

B：너무 _____ (섭섭하다).

（とても<u>寂しいですね</u>。）

→「－네요」を用いる。

3 次の会話に「－아/어 주세요：－て下さい」を用い、会話文を完成させて読みなさい。

（1）A：한국 지도를 _____ (보이다).

（韓国地図を<u>見せて下さい</u>。）

B：여기 있어요.

（ここにあります：どうぞ。）

（2）A：공항으로 출발할까요?

（空港へ出発しましょうか。）

B：조금만 _____ (기다리다).

（ちょっと<u>待って下さい</u>。）

4 音声を聞いて括弧を埋めなさい（2回読み上げる）。

（1）（　　　　　　　　　　　　　　　　　）？

（2）아메리카노（　　　　　　　　　　　）．

신촌（新村）

所在地：ソウル特別市 西大門区 新村洞
ソウルの有名な私立大学が集まっている
地域で多くの大学生が行き交う。
p35「ソウルの区地図」を併せて参照

24

뭘 드릴까요？（何を差し上げましょうか）

第 25 課 장래 꿈이 뭐예요?

(将来の夢は何ですか)

- **授業内容**：将来の夢に関する会話を学習する。
- **授業目標**：将来の夢に関する会話とその聞き取りができる。

유진 : 다나카 씨, 장래 꿈이 뭐예요?

田中 : 일본에서 한국어를 가르치고 싶어요.

유진 : 한국어 교사예요?

田中 : 예. 한국어를 가르칠 수 있으면 좋겠어요.

유진 : 열심히 한국어 공부를 하고 있으니까, 잘 가르칠 수 있을 거예요.

田中 : 그렇게 되도록 노력할 게요.

>> **本文の訳**

유진 : 田中さん、将来の夢は何ですか。

田中 : 日本で韓国語を教えたいです。

유진 : 韓国語の教師ですか。

田中 : はい。韓国語を教えることができれば良いです。

유진 : 熱心に韓国語の勉強をしているので、上手に教えることができるでしょう。

田中 : そうなるように頑張ります。

>> 発音のポイント

장래 → [장내] 〈鼻音化〉

꿈이 → [꾸미]

일본에서 → [일보네서]

한국어를 → [한구거를]

싫어요 → [시퍼요]

가르칠 수 → [가르칠 쑤] 〈濃音化〉

있으면 → [이쓰면]

좋겠어요 → [조케써요] 〈激音化〉

열심히 → [열씸히] 〈濃音化〉

있으니까 → [이쓰니까]

있을 거예요 → [이쓸 꺼예요] 〈濃音化〉

그렇게 → [그러케] 〈激音化〉

노력할 게요 → [노려칼 께요] 〈激音化・濃音化〉

>> 縮約ポイント

뭐예요 → 무어예요 → 무엇이에요

거예요 → 것이에요

>> 学習ポイント

-고 싶다 : -したい

-ㄹ / 을 수 있다 : -することができる（可能）

-면 / 으면 : -たら、-なら、-ば、-と

-으니까 : -ので、-ため、-から

-ㄹ / 을 거예요 : -はずです、-と思います、-つもりです

-고 있다 : -ている（進行形）

-도록 : -ように

-할 게요 : -しますね

1 次の会話に「－고 싶어요 . / －고 싶어요？ : －したいです / －したいですか」を用い、会話文を完成させて読みなさい。

（1）A：어디에＿＿＿＿＿＿ (가다)？

（どこに<u>行きたいですか</u>。）

B：저는＿＿＿＿＿＿ (쉬다).

（私は<u>休みたいです</u>。）

（2）A：뭘＿＿＿＿＿＿ (먹다)？

（何を<u>食べたいですか</u>。）

B：주스를＿＿＿＿＿＿ (마시다).

（ジュースを<u>飲みたいです</u>。）

2 次の会話に「－면 / 으면 : －たら、－なら、－ば、－と」の語句を用い、会話文を完成させて読みなさい。

（1）A：시간이＿＿＿＿＿＿ (있다) 놀러 가요.

（時間が<u>あれば</u>、遊びに行きましょう。）

B：어디에 갈까요？

（どこにいきましょうか。）

（2）A：배가＿＿＿＿＿＿ (아프다) 병원에 가세요.

（お腹が<u>痛かったら</u>病院に行ってください。）

B：근처에 병원이 있어요？

（近所に病院はありますか。）

3 次の会話に「-고 있어요? / -고 있어요 : -ていますか / -ています（進行形）」を用い、会話文を完成させて読みなさい。

(1) A：지금 뭘 _____ (하다)？

（今、何を<u>していますか</u>。）

B：식당을 _____ (찾다)．

（食堂を<u>探しています</u>。）

(2) A：학교에서 한국어를 _____ (배우다)？

（学校で韓国語を<u>学んでいますか</u>。）

B：예，한국어를 _____ (공부하다)．

（はい、韓国語を<u>勉強しています</u>。）

51

4 音声を聞いて括弧を埋めなさい（2 回読み上げる）。

(1) 다나카 씨，장래 (   )？

(2) 일본에서 한국어를 (   )．

북촌 한옥 마을（北村 韓屋 マウル）
所在地：ソウル特別市 鐘路区 嘉会洞と三清洞の一帯
朝鮮時代の官僚である両班が住んでいた伝統家屋の韓
屋が密集している。
p35「ソウルの区地図」を併せて参照

25
장래 꿈이 뭐예요？（将来の夢は何ですか）

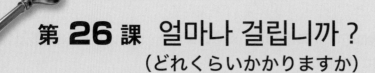

第 26 課　얼마나 걸립니까?
（どれくらいかかりますか）

● **授業内容**：郵送に必要な会話を学習する。

● **授業目標**：郵送に必要な会話とその聞き取りができる。

52

田中： 이 소포를 일본에 보내고 싶은데요.

職員： 일본 주소를 입력하고, 출력을 해서 붙여야 합니다.

田中： 예, 여기에 있어요.

職員： 내용물이 뭔지 적어 주세요.

田中： 일본까지 얼마나 걸립니까?

職員： 일 주일 정도는 걸릴 거예요.

≫ 本文の訳

田中：この小包を日本に送りたいのですが。

職員：日本の住所を入力し、出力（プリントアウト）して貼らないといけません。

田中：はい、どうぞ（ここにあります）。

職員：内容物が何か、書いてください。

田中：日本までどれくらいかかりますか。

職員：１週間程度はかかるはずです。

>> 発音のポイント

일본에 → ［일보네］

싫은데요 → ［시픈데요］

입력하고 → ［임녀카고］〈鼻音化・激音化〉

출력을 → ［출려글］

붙여야 → 붙이＋어야 → 부치＋어야 → ［부쳐야］〈口蓋音化〉

합니다 → ［함니다］〈鼻音化〉

있어요 → ［이써요］

내용물이 → ［내용무리］

적어 → ［저거］

걸립니까 → ［걸림니까］〈鼻音化〉

일 주일 → ［일 쭈일］〈鼻音化〉

걸릴 거예요 → ［걸릴 꺼예요］〈鼻音化〉

>> 縮約ポイント

뭔지 → 무언지 → 무엇인지

거예요 → 것이에요

>> 学習ポイント

－고 싶다：－したい

－（ㄴ）은 / 는데요：－のに、－ですが

－고：－して、－くて（羅列）

－아서 / 어서：－して、－くて、－ので、－ため

－아야 / 어야 하다：－しなければならない、－しないといけない

－ㄹ / 을 거예요：－はずです、－と思います、－つもりです

채송화（菜松花＝マツバボタン）

1 次の会話に「ー（ㄴ）은/는데요：ーのに、ーですが」を用い、会話文を完成させて読みなさい。

（1）A：오늘은 날씨가 참＿＿＿＿＿＿ （좋다）.

　　　　（今日は天気がとても<u>良いですが</u>。）

　　B：하늘에 구름 한 점 없어요.

　　　　（空に雲一つないです。）

（2）A：이 물건은 누구 것이에요?

　　　　（この物品は誰のものですか。）

　　B：제 것＿＿＿＿＿＿ （이다）.

　　　　（私のもの<u>ですが</u>。）

2 次の会話に「ー아야/어야 해요：ーしなければならないです、ーしないといけないです」を用い、会話文を完成させて読みなさい。

（1）A：이 일은 언제까지＿＿＿＿＿＿ （끝내다） 해요?

　　　　（この仕事はいつまで<u>終わらなければなりませんか</u>。）

　　B：토요일까지는＿＿＿＿＿＿ （마치다） 해요.

　　　　（土曜日までには<u>終えないといけません</u>。）

（2）A：이 단어를＿＿＿＿＿＿ （외우다） 해요?

　　　　（この単語を<u>覚えなければなりませんか</u>。）

　　B：문제도＿＿＿＿＿＿ （풀다） 해요.

　　　　（問題も<u>解かないといけません</u>。）

3 次の会話に「－ㄹ / 을 거예요：－はずです、－と思います、－つもりです」を用い、会話文を完成させて読みなさい。

(1) A：언제 집에＿＿＿＿＿＿ (돌아가다) ?

（いつ家に<u>帰るつもりですか</u>。）

B：내일 가요.

（明日、帰ります。）

(2) A：저는 음악가가 되고 싶어요.

（私は音楽家になりたいです。）

B：꼭 음악가가＿＿＿＿＿＿ (되다).

（きっと音楽家に<u>なるはずです</u>。）

4 音声を聞いて括弧を埋めなさい（2回読み上げる）。

(1) 일본까지 (　　　　　　　　　　　　　　　　) ?

(2) 일 주일 정도는 (　　　　　　　　　　　　　　) .

이태원 （梨泰院）▷

所在地：ソウル特別市 竜山区 梨泰院洞
多くの外国人が住む地域で、多様な国からの外国人が集まる場所である。
　p35「ソウルの区地図」を併せて参照

26

얼마나 걸립니까 ? （どれくらいかかりますか）

≫ 付録

（表１）文体の種類

		丁寧語	尊敬語	−겠（未来・意志・推量・謙譲）
上称形	最敬体	用言語幹 + ㅂ니다 / 습니다 用言語幹 + ㅂ니까 / 습니까？	用言語幹 + 십니다 / 으십니다 用言語幹 + 십니까 / 으십니까？）	用言語幹 + 겠습니다 用言語幹 + 겠습니까？
	敬体	用語語幹 + 아요 / 어요 用語語幹 + 아요 / 어요 (？)	用言語幹 + 세요 / 으세요 用言語幹 + 세요 / 으세요 (？)	用言語幹 + 겠어요 用言語幹 + 겠어요 (？)
下称形	略待	用語語幹 + 아 / 어 用語語幹 + 아 / 어 (？)	用言語幹 + 셔 / 으셔 用言語幹 + 셔 / 으셔 (？)	用言語幹 + 겠어 用言語幹 + 겠어 (？)
	ぞんざい体	用語語幹 + ㄴ다 / 는다	用言語幹 + 신다 / 으신다	用言語幹 + 겠다

（表２）過去形の文体

		丁寧語	尊敬語	−겠（未来・意志・推量・謙譲）
上称形	最敬体	用言語幹 + （았 / 었） + 습니다 用言語幹 + （았 / 었） + 습니까？	用言語幹 + （셨 / 으셨） + 습니다 用言語幹 + （셨 / 으셨） + 습니까？	用言語幹+（았/었）+겠+습니다 用言語幹+（았/었）+겠+습니까？
	敬体	用言語幹 + （았 / 었） + 어요 用言語幹 + （았 / 었） + 어요 (？)	用言語幹 + （셨 / 으셨） + 어요 用言語幹 + （셨 / 으셨） + 어요 (？)	用言語幹+（았/었）+겠+어요 用言語幹+（았/었）+겠+어요(？)
下称形	略待	用言語幹 + （았 / 었） + 어 用言語幹 + （았 / 었） + 어 (？)	用言語幹 + （셨 / 으셨） + 어 用言語幹 + （셨 / 으셨） + 어 (？)	用言語幹+（았/었）+겠+어 用言語幹+（았/었）+겠+어(？)
	ぞんざい体	用言語幹 + （았 / 었） + 다	用言語幹 + （셨 / 으셨） + 다	用言語幹 + （았 / 었） + 겠 + 다

（表３）連体形一覧表

品詞	未来	現在	過去	回想・大過去
動詞	語幹 + ㄹ / 을 （−する）	語幹 + 는 （−する、 −している）	語幹 + ㄴ / 은 （−した）	語幹 + 던 + 았던 / 었던 ・ + 았었던 / 었었던 （−した、−していた）
形容詞	語幹 + ㄹ / 을 （−い、−な）	語幹 + ㄴ / 은 （−い、−な）	語幹 + 던 （−かった、−だった）	語幹 + 았던 / 었던 ・ + 았었던 / 었었던 （−かった、−だった）
指定詞 −이다	語幹 + ㄹ → −일 （−である）	語幹 + ㄴ → −인 （−である）	語幹 + 던 → −이던 （−であった）	語幹 + 었던 : −이었던 (였던) ・ + 었었던 : −이었었던 (였었던) （−であった）
存在詞 있다	語幹 + 을 있을 （ある / いる）	語幹 + 는 있는 （ある / いる）	語幹 + 은 있은 （あった / いた）	語幹 + 던 : 있던 + 었던 : 있었던 ・ + 었었던 : 있었었던 （あった、いた）

（表４）用言活用表

区分	基本形	丁寧語 最敬体・現在 ㅂ니다 / 습니다 （－です、ます）	丁寧語 最敬体・過去 았습니다 / 었습니다 （－でした、ました）	丁寧語 敬体・現在 아요 / 어요 －です、ます	丁寧語 敬体・過去 았어요 / 었어요 －でした、ました
母音 語幹	가다 （行く） 가르치다 （教える）	갑니다 （行きます） 가르칩니다 （教えます）	갔습니다 （行きました） 가르쳤습니다 （教えました）	가요 （行きます） 가르쳐요 （教えます）	갔어요 （行きました） 가르쳤어요 （教えました）
子音 語幹	받다 （受ける） 먹다 （食べる）	받습니다 （受けます） 먹습니다 （食べます）	받았습니다 （受けました） 먹었습니다 （食べました）	받아요 （受けます） 먹어요 （食べます）	받았어요 （受けました） 먹었어요 （食べました）
ㄷ変則	걷다 （歩く） 묻다 （尋ねる）	걷습니다 （歩きます） 묻습니다 （尋ねます）	걸었습니다 （歩きました） 물었습니다 （尋ねました）	걸어요 （歩きます） 물어요 （尋ねます）	걸었어요 （歩きました） 물었어요 （尋ねました）
ㄹ変則	살다 （住む） 멀다 （遠い）	삽니다 （住みます） 멉니다 （遠いです）	살았습니다 （住みました） 멀었습니다 （遠かったです）	살아요 （住みます） 멀어요 （遠いです）	살았어요 （住みました） 멀었어요 （遠かったです）
ㅂ変則	눕다 （横になる） 맵다 （辛い） 곱다 （美しい）	눕습니다 （横になります） 맵습니다 （辛いです） 곱습니다 （美しいです）	누웠습니다 （横になりました） 매웠습니다 （辛かったです） 고왔습니다 （美しかったです）	누워요 （横になります） 매워요 （辛いです） 고와요 （美しいです）	누웠어요 （横になりました） 매웠어요 （辛かったです） 고왔어요 （美しかったです）
ㅅ変則	짓다 （建てる）	짓습니다 （建てます）	지었습니다 （建てました）	지어요 （建てます）	지었어요 （建てました）
ㅎ変則	노랗다 （黄色い） 그렇다 （そうだ）	노랗습니다 （黄色いです） 그렇습니다 （そうです）	노랬습니다 （黄色かったです） 그랬습니다 （そうでした）	노래요 （黄色いです） 그래요 （そうです）	노랬어요 （黄色かったです） 그랬어요 （そうでした）
러変則	이르다 （至る） 푸르다 （青い）	이릅니다 （至ります） 푸릅니다 （青いです）	이르렀습니다 （至りました） 푸르렀습니다 （青かったです）	이르러요 （至ります） 푸르러요 （青いです）	이르렀어요 （至りました） 푸르렀어요 （青かったです）
르変則	모르다 （知らない） 빠르다 （早い）	모릅니다 （知りません） 빠릅니다 （早いです）	몰랐습니다 （知りませんでした） 빨랐습니다 （早かったです）	몰라요 （知りません） 빨라요 （早いです）	몰랐어요 （知りませんでした） 빨랐어요 （早かったです）

付
録

어変則	그러다 (そうだ、)	그럽니다 (そうです)	그랬습니다 (そうでした)	그래요 (そうです)	그랬어요 (そうでした)
우変則	푸다 (汲む)	품니다 (汲みます)	펐습니다 (汲みました)	퍼요 (汲みます)	펐어요 (汲みました)
으変則	쓰다 (書く)	씁니다 (書きます)	썼습니다 (書きました)	써요 (書きます)	썼어요 (書きました)
	아프다 (痛い)	아픕니다 (痛いです)	아팠습니다 (痛かったです)	아파요 (痛いです)	아팠어요 (痛かったです)

（表5）変則活用用言

種類	変則内容
ㄷ変則	語幹がパッチム「ㄷ」で終わる動詞の一部は、母音で始まる語尾や補助語幹が付くとき、パッチム「ㄷ」が「ㄹ」に変わる。 （例）듣다（聞く）、싣다（乗せる）、묻다（尋ねる）、걷다（歩く）、 　　　긷다（汲む）、깨닫다（悟る）、붇다（ふやける）、일컫다（称する） ・ ‐아요/어요（丁寧語・敬体）：듣＋어요→들어요（聞きます） ・ ‐아/어（連用形）：듣＋어→들어（聞いて） ※ 正則活用：받다（受け取る）、묻다（埋める）、얻다（得る）、닫다（締める）、돋다（昇る）、믿다（信じる）、굳다（固まる） （参考）듣다（聞く）→들어요（聞きます） 　　＊ 들다（持ち上げる）→들어요（持ち上げます） 　　걷다（歩く）→걸어요（歩きます） 　　＊ 걸다（かける）→걸어요（かけます） ※ パッチム「ㄷ」で終わる形容詞は、全て正則活用
ㄹ変則	語幹がパッチム「ㄹ」で終わる用言は全て、以下のような活用をするとき、パッチム「ㄹ」が脱落する。 （例）動詞：만들다（作る）、걸다（掛ける）、놀다（遊ぶ）、들다（持つ）、날다（飛ぶ）、물다（噛む）、살다（住む）、알다（知る）、열다（開ける）、울다（泣く）、팔다（売る） 　　　形容詞：길다（長い）、멀다（遠い） ○「ㄴ、ㅅ、ㅂ」で始まる語尾が付くとき ・ ‐ㅂ니다/습니다（丁寧語・最敬体）： 　만들＋ㅂ니다/습니다→만들＋ㅂ니다→만듭니다（作ります） 　길＋ㅂ니다/습니다→길＋ㅂ니다→깁니다（長いです） ・ ‐십니다/으십니다（尊敬語・最敬体）： 　만들＋십니다/으십니다→만들＋십니다→만드십니다（お作りになります） 　길＋십니다/으십니다→길＋십니다→기십니다（***） ・ ‐세요/으세요（尊敬語・敬体）： 　만들＋세요/으세요→만들＋세요→만드세요（作ってください、お作りになります） 　길＋세요/으세요→길＋세요→기세요（***） ・ ‐ㄴ다/는다（丁寧語・ぞんざい体）： 　만들＋ㄴ다/는다→만들＋ㄴ다→만든다（作る） ・ ‐는（動詞・現在連体形）：만들＋는→만드는（作る‐）

	・ －ㄴ／은（形容詞・現在連体形）：길＋ㄴ／은→길＋ㄴ→긴（長い－）
	・ －ㄴ／은（動詞・過去連体形）：만들＋ㄴ／은→만들＋ㄴ→만든（作った－）
	○ 終声（パッチム）「ㄹ」で始まる語尾が付くとき
	・ －ㄹ／을까요：
	만들＋ㄹ／을까요→만들＋ㄹ까요→만들까요？（作りましょうか）
	길＋ㄹ／을까요→길＋ㄹ까요→길까요？（長いでしょうか）
	※ 陰陽語尾・語幹（아／어、아요／어요、았／었）に付く場合は正則活用する。
	・ －아요／어요（丁寧語・）：만들＋어요→만들어요（作ります）
ㅂ変則	語幹がパッチム「ㅂ」で終わる用言（形容詞はほとんど、動詞は一部）は、母音で始まる語尾や補助語幹などが付くとき、パッチム「ㅂ」が脱落し、「우」が付く。
	（例）　動詞：굽다（焼く）、눕다（横たわる）、줍다（拾う）、깁다（繕う）
	形容詞：춥다（寒い）、덥다（暑い）、맵다（辛い）、반갑다（嬉しい）、
	어렵다（難しい）、즐겁다（楽しい）、－답다、－롭다、－스럽다
	・ －아요／어요（丁寧語・敬体）：
	굽＋어요→（「ㅂ」脱落＋「우」）→구우＋어요→구워요（焼きます）
	맵＋어요→（「ㅂ」脱落＋「우」）→매우＋어요→매워요（辛いです）
	※ 곱다（きれいだ）、돕다（手伝う）の2語は陰陽語尾・語幹が付くとき、「ㅂ」が脱落した後、（「우」ではなくて）「오」が付く。
	곱다（きれいだ）：곱＋아요→고＋오＋아요→고＋와요→고와요（きれいです）
	돕다（助ける）：돕＋아요→도＋오＋아요→도＋와요→도와요（手伝います）
	※ 正則活用：굽다（曲がっている）、뽑다（抜く）、씹다（かむ）、잡다（つかむ）、접다（おりたたむ）、
	업다（背負う）、입다（着る）、좁다（狭い）
	※ 例外的な「ㅂ」活用
	・ －ㄴ／은（動詞・過去連体形）：
	뵙다→뵙＋ㄴ／은→뵙＋ㄴ→뵌－（おめにかかった）
	만나뵙다→만나뵙＋ㄴ／은→만나뵙＋ㄴ→만나뵌－（お目にかかった）
	・ －아／어（連用形）：여쭙다→여쭙＋아／어→여쭙＋어→여쭤－（うかがう）
ㅅ変則	語幹がパッチム「ㅅ」で終わる用言の一部は、母音で始まる語尾や補助語幹などが付くとき、パッチム「ㅅ」が脱落する。
	（例）　잇다（つなぐ）、긋다（引く）、붓다（注ぐ）、젓다（まぜる）、짓다（建てる）、낫다（治る）
	・ －아요／어요（丁寧語・敬体）：잇＋어요→이어요（つなぎます）
	＊母音の縮約は起こらない
	※ 形容詞：낫다（より良い）のみ
	※ 正則活用：벗다（脱ぐ）、빼앗다（奪う）、솟다（そびえる）、씻다（洗う）、웃다（笑う）
ㅎ変則	語幹がパッチム「ㅎ」で終わる形容詞のほとんどは、母音で始まる語尾や補助語幹などが付くとき、変則的な活用をする。
	（例）　그렇다（そうだ）、어떻다（どうだ）、이렇다（このようだ）、
	말갛다（澄んだ）、하얗다（白い）、노랗다（黄色い）、빨갛다（赤い）、파랗다（青い）、까맣다（黒い）
	○ パッチム「ㅎ」が脱落するパターン
	・ －ㄴ／은（形容詞・現在連体形）：파랗＋ㄴ／은→파랗＋ㄴ→파란－（青い）
	・ －십니까／으십니까（尊敬語・最敬体・疑問）：
	그렇＋십니까／으십니까→그렇＋십니까→그러십니까（そうでいらっしゃいますか）

付
録

	・ －면 / 으면：노랗 + 면 / 으면→노랗 + 면→노라면（黄色ければ） ・ －ㄹ / 을 때：어떻 + ㄹ / 을때→어떻 + ㄹ때→어떨 때（どんな時） ○ バッチム「ㅎ」+ 陰陽語尾・語幹→「ㅎ」脱落し、母音が「ㅐ」や「애」に変わるパターン ・ －았어요 / 었어요（丁寧語・敬体・過去形）： 　저렇 + 었어요→저러 + 었어요→저랬→저랬어요（あの通りでした） ・ －아요 / 어요（丁寧語・敬体）： 　그렇 + 어요→그러 + 어요→그래요（そうです） 　빨갛 + 아요→빨가 + 아요→빨개요（赤いです） ＊하얗 + 아요→하야 + 아요→하얘요（白いです） ※ 動詞の全てと形容詞「좋다」（良い）は正則活用
러変則	語幹が「르」で終わる以下の４語と、その合成語は、陰陽語尾・語幹がつくとき、語幹「르」の後に「러」がくっつく。 （例）노르다（黄色い）、누르다（黄色い）、푸르다（青い）、이르다（至る） ・ －아요 / 어요（丁寧語・敬体）： 　노르 + 러 + 어요→노르러요（黄色いです） 　누르 + 러 + 어요→누르러요（黄色いです） 　푸르 + 러 + 어요→푸르러요（青いです） 　이르 + 러 + 어요→이르러요（至ります）
르変則	語幹が「르」で終わる用言のほとんどは、陰陽語尾・語幹が付くとき、まず語幹「르」が脱落し、その一つ前の音節の母音が陽母音であれば「ㄹ라」、陰母音であれば「ㄹ러」がつく。 （例）모르다（知らない）、흐르다（流れる）、부르다（呼ぶ）、오르다（上がる）、기르다（飼う）、 　　　자르다（切る）、누르다（押す）、다르다（異なる）、이르다（早い）、빠르다（速い） ・ －아요 / 어요（丁寧語・敬体）： 　모르 + 아요 / 어요→모 + ㄹ라→몰라→몰라 + 아요→몰라요（知らないです） 　흐르 + 아요 / 어요→흐르 + ㄹ러→흘러→흘러 + 어요→흘러요（流れます） ・ －았어요 / 었어요（丁寧語・敬体・過去形）： 　모르 + 았어요 / 었어요→모 + ㄹ라 + 았→몰라 + 았→몰랐 + 어요→몰랐어요（知りませんでした） 　흐르 + 았어요 / 었어요→흐 + ㄹ러 + 었→흘러 + 었→흘렀 + 어요→흘렀어요（流れました）
어変則	語幹の母音が「ㅓ」で終わる一部の用言は、「어」で始まる語尾や補助語幹が付くとき、語幹の母音が「ㅐ」に変わる。 （例）이러다（このようだ）、그러다（そのようだ）、저러다（あのようだ）、어쩌다（どのようだ） ・ －아서 / 어서： 　이러 + 어서→이래서（このようにして） 　그러 + 어서→그래서（それで） 　저러 + 어서→저래서（あんな状態だから） 　어쩌 + 어서→어째서（どうして）
우変則	「어」で始まる語尾や補助語幹が付くとき、語幹末の「ㅜ」が「ㅓ」に変わる。 （例）푸다《〈水を〉汲む、すくいとる》のみ ・ －어요（丁寧語・敬体）：물을 푸 + 어요→물을 퍼요（水を汲みます） ・ －었어요（丁寧語・敬体・過去）：푸 + 었어요→펐어요（汲みました）
으変則	語幹が母音「으」で終わる用言（全部）は、陰陽語尾・語幹が付くとき、語幹の母音「으」が脱落し、その一つ前の音節の母音が、陽母音か陰母音かで接続する語尾、語幹が変わる。（※語幹が一音節のと

きは、陰母音語幹とみなし、「어/어요/었」をつける)

(例) 動詞：쓰다 (書く、使う)、모으다 (集める)、뜨다 (浮く)

形容詞：바쁘다 (忙しい)、나쁘다 (悪い)、고프다 (空腹だ)、아프다 (痛い)、크다 (大きい)、
슬프다 (悲しい)、예쁘다 (可愛い)、기쁘다 (嬉しい)

・ ―아요/어요 (丁寧語・敬体)：

쓰 + 아요/어요→쓰 + 어요→써요 (書きます)

바쁘 + 아요/어요→바쁘 + 아요→바빠요 (忙しいです)

가로수길 (街路樹キル)

所在地：ソウル特別市 江南区 新沙洞
鴎亭洞 12 キルから島山大路 13 キルまでの一帯高級ブランド
店としゃれたカフェが多い。
p35「ソウルの区地図」を併せて参照

第１課

5. 야외 (①)

　 여우 (②)

　 오이 (③)

　 예외 (④)

第２課

6. 가 나 다 라 마 바 사 아 자 차 카 타 파 하

7. 도시 (①)

　 내부 (②)

　 주소 (③)

　 의사 (④)

第３課

4. （1） 가 다 바 사 자

　 （2） 차 카 타 파 하

　 （3） 까 따 빠 싸 짜

第４課

8. 놓아 (①)

　 영어 (②)

　 같이 (③)

　 단어 (④)

第５課

6. 축하 (①)

　 국내 (②)

　 원리 (③)

　 잡지 (④)

第６課

1. （2） 혼슈

　 （3） 홋카이도

　 （4） 도쿄

　 （5） 오사카

　 （6） 교토

2. 간코쿠고와 니혼고토 루이지텐가 오이노데, 니혼진니 돗테와 마나비야스이 겐고데스.

4. （1） 価格

　 （2） 動物

　 （3） 出発

　 （4） 通帳

　 （5） 明るい

　 （6） 短い

5. 図書館で✓勉強する✓学生が✓多いです。

　 도서관에서✓공부하는✓학생이✓많습니다.

第7課

1.

基本形	丁寧語の最敬体（1・2・3人称）	丁寧語の最敬体の疑問形（2・3人称）
오다 （くる）	옵니다 （きます）	옵니까? （きますか）
하다 （する）	합니다 （します）	합니까? （しますか）
먹다 （食べる）	먹습니다 （食べます）	먹습니까? （食べますか）
입다 （着る）	입습니다 （着ます）	입습니까? （着ますか）
크다 （大きい）	큽니다 （大きいです）	큽니까? （大きいですか）
좋다 （良い）	좋습니다 （良いです）	좋습니까? （良いですか）

2. （1） A : 사진

　　　 B : 사진

　（2） A : 구두

　　　 B : 구두

　（3） A : 장갑

　　　 B : 장갑

3. （1） 이것은 (무엇입니까)?

　（2） 그것은 (연필입니다).

第8課

1. （1） A : 책상

　　　 B : 필통, 책

　（2） A : 의자

　　　 B : 휴지통

2. （1） A : 에, 이

　　　 B : 이

　（2） A : 에는, 가

　　　 B : 는

3. （1） 거실에 (무엇이 있습니까)?

　（2） 소파가 (있습니다).

第9課

1.

基本形	謙譲語の最敬体 （1人称：控え目な気持ち）	謙譲語の最敬体の疑問形 （2人称：意志・未来）
가르치다 （教える）	가르치겠습니다 （教えさせて頂きます）	가르치겠습니까？ （教えるつもりですか）
사다 （買う）	사겠습니다 （買わせて頂きます）	사겠습니까？ （買うつもりですか）
이기다 （勝つ）	이기겠습니다 （勝たせて頂きます）	이기겠습니까？ （勝ちますか）
듣다 （聞く）	듣겠습니다 （聞かせて頂きます）	듣겠습니까？ （聞きますか）
읽다 （読む）	읽겠습니다 （読ませて頂きます）	읽겠습니까？ （読むつもりですか）
풀다 （解く）	풀겠습니다 （解かせて頂きます）	풀겠습니까？ （解きますか）

3. （1）말씀 좀 (묻겠습니다).

   （2）네, (좋습니다).

第10課

1.

基本形	尊敬語の最敬体（2・3人称)	尊敬語の最敬体の疑問形（2・3人称)
기뻐하다 （喜ぶ）	기뻐하십니다 （お喜びになります）	기뻐하십니까？ （お喜びになりますか）
두다 （置く）	두십니다 （お置きになります）	두십니까？ （お置きになりますか）
화내다 （怒る）	화내십니다 （お怒りになります）	화내십니까？ （お怒りになりますか）
닫다 （閉める）	닫으십니다 （閉められます）	닫으십니까？ （閉められますか）
참다 （耐える）	참으십니다 （耐えられます）	참으십니까？ （耐えられますか）
찍다 （撮る）	찍으십니다 （撮られます）	찍으십니까？ （撮られますか）

3. （1）B：이라고 합니다

   （2）B：라고 합니다

4. （1）(안녕하십니까) ？

   （2）(처음 뵙겠습니다).

   （3）(잘 부탁합니다).

第11課

1.

基本形	丁寧語の敬体（1・2・3人称）	丁寧語の敬体の疑問形（2・3人称）
기다리다 (待つ)	기다려요 (待ちます)	기다려요？ (待ちますか)
보내다 (送る)	보내요 (送ります)	보내요？ (送りますか)
배우다 (学ぶ)	배워요 (学びます)	배워요？ (学びますか)
나가다 (出かける)	나가요 (出かけます)	나가요？ (出かけますか)
앉다 (座る)	앉아요 (座ります)	앉아요？ (座りますか)
먹다 (食べる)	먹어요 (食べます)	먹어요？ (食べますか)

2.

基本形	丁寧語の敬体（1・2・3人称）	丁寧語の敬体の疑問形（2・3人称）
하다 (する)	해요 하여요 (します)	해요　　　　　？ 하여요　　　　？ (しますか)
되다 (なる)	돼요 되어요 (なります)	돼요？ 되어요　？ (なりますか)
이다 (だ・である)	子音体言：이에요 母音体言：예요 (です)	子音体言：이에요　　　？ 母音体言：예요　　　　？ (ですか)

3. （1）A：해요

　　　　B：봐요

　（2）A：예요

　　　　B：이에요

4. （1）한국 (음식을 좋아해요)？

　（2）불고기하고 (김밥을 잘 먹어요).

第12課

1.

1 (일)	2 (이)	3 (삼)	4 (사)	5 (오)	6 (육)	7 (칠)	8 (팔)	9 (구)	10 (십)

2. （1）B : 사 월 이십오 일

（2）B : 칠 층

3. （1）이 옷 (얼마예요) ?

（2）(삼만 원이에요) .

第13課

1.

1 하나 (한)	2 둘 (두)	3 셋 (세)	4 넷 (네)	5 다섯	6 여섯	7 일곱	8 여덟	9 아홉	10 열

2. （1）B : 열다섯 명

（2）A : 일곱 개

3. （1）지금 몇 시입니까?

（2）아홉 시입니다 .

第14課

2. （1）A : 미안하지만

（2）B : 감사합니다./ 감사해요.

3. （1）유진 씨, (오랜만이에요).

（2）(건강하게 지내세요) ?

（3）그럼 (다시 만나요).

第15課

1.

基本形	丁寧語（最敬体）の過去形	丁寧語（敬体）の過去形
다니다 (通う)	다녔습니다 (通いました)	다녔어요 (通いました)
건너다 (渡る)	건넜습니다 (渡りました)	건넜어요 (渡りました)
나오다 (出る)	나왔습니다 (出ました)	나왔어요 (出ました)
만들다 (作る)	만들었습니다 (作りました)	만들었어요 (作りました)
받다 (もらう)	받았습니다 (もらいました)	받았어요 (もらいました)
살다 (住む)	살았습니다 (住みました)	살았어요 (住みました)

2.

基本形	丁寧語（最敬体）の過去形	丁寧語（敬体）の過去形
하다 （する）	했습니다 하였습니다 （しました）	했어요 하였어요 （しました）
되다 （なる）	됐습니다 되었습니다 （なりました）	됐어요 되었어요 （なりました）
이다 （だ・である）	子音体言：이었습니다 母音体言：였습니다 （でした）	子音体言：이었어요 母音体言：였어요 （でした）

3. （1）A：샀습니까？

　　　 B：샀어요.

　 （2）A：먹었습니까？

　　　 B：먹었어요.

4. （1）어제는 (뭘 했어요)？

　 （2）(영화를 보러 갔어요)

第16課

1.

基本形	前置否定	後置否定
버리다 （捨てる）	안 버립니다 （捨てません）	버리지 않습니다 （捨てません）
뽑다 （選ぶ）	안 뽑습니다 （選びません）	뽑지 않습니다 （選びません）
움직이다 （動く）	안 움직입니다 （動きません）	움직이지 않습니다 （動きません）
공부하다 （勉強する）	공부 안 합니다 （勉強しません）	공부하지 않습니다 （勉強しません）

2.

基本形	可能	不可能
자다 （寝る）	잘 수 있습니다 （寝ることができます）	잘 수 없습니다 （寝ることができません）
치다 （打つ）	칠 수 있습니다 （打つことができます）	칠 수 없습니다 （打つことができません）
씻다 （洗う）	씻을 수 있습니다 （洗うことができます）	씻을 수 없습니다 （洗うことができません）

운동하다 (運動する)	운동할 수 있습니다 (運動することができます)	운동할 수 없습니다 (運動することができません)

3．（1）B：안 읽어요

  （2）B：좋아하지 않아요

4．（1）A：쓸 수 있어요?

    B：쓸 수 없어요

  （2）A：만들 수 있어요?

    B：못 만들어요

5．（1）유진 씨는 K（케이）팝을 （좋아하세요）?

  （2）아뇨, （별로 좋아하지 않아요）.

第17課

1.

品詞	動詞	形容詞	指定詞	存在詞
日本語	朝に飲む牛乳	涼しい夜の時間	大学生である時	家にいない時
韓国語	아침에 마실 (마시다) 우유	시원할(시원하다) 밤시간	대학생일 (이다) 때	집에 없을 (없다) 때

2．（1）A：익을

    B：필

  （2）A：칠

    B：할

3．（1）일요일에는 （뭘 할 거예요）?

  （2）빨래도 하고 집에서 （쉴 생각이에요）.

第18課

1.

品詞	動詞	形容詞	指定詞	存在詞
日本語	休む空間	広い部屋	大学生である人	教室にいる学生
韓国語	쉬는 (쉬다) 공간	넓은 (넓다) 방	대학생인 (이다) 사람	교실에 있는 (있다) 학생

2．（1）A：하는

    B：사는

  （2）A：나가는

B : 보내는

4. （1）（어서 오세요）.

　　（2）（초대해 주셔서 감사합니다）.

第19課

1.

品詞	動詞	形容詞	指定詞	存在詞
日本語	夕方に買った本	塀が高かった家	学生であった時	施設にいた老人
韓国語	저녁에 산 (사다) 책	담이 높은 (높다) 집	학생이던 (이다) 때	시설에 있은 (있다) 노인

2. （1）A : 먹은

　　（2）A : 한

3. （1）B : 가려고 해요

　　（2）B : 먹으려고 해요

4. （1）어제는 (일본에서 온 친구하고) 어디에 갔어요?

　　（2）명동에 가서 (즐겁게 보냈어요)

第20課

1. （1）A : 갔던

　　　　 B : 봤던

　　（2）A : 경험했었던

　　　　 B : 힘들었었던

2. （1）A : 먹기 전에

　　（2）A : 끝나면

3. （1）내일 오전 9 시에 (서울역에서 만나요).

　　（2）(이전에 만났었던) 부산행 매표소 앞이에요?

第21課

1. （1）A : 드시겠습니까?

　　（2）B : 하겠습니다.

2. （1）A : 바쁘니까

　　（2）A : 맛있으니까

3. （1）주문 (도와 드리겠습니다).

　　（2）삼겹살 삼 인분하고 사이다 (세 병
　　　　주세요).

第22課

1. （1）A : 올 것 같아요.

　　（2）A : 열리도록

2. （1）A : 내서

　　　　 B : 없어서

　　（2）B : 내리겠군요.

3. （1）A : 기다릴테니까

　　（2）B : 무리하지 마세요.

4．（1）(여보세요) , 사진 한 장 (부탁해도
　　　　될까요) ?
　　（2）예 . 저쪽 나무 앞에 서면 (좋을 것
　　　　같아요) .

第 23 課

1．（1）A : 키워 본적이 있어요 ?
　　（2）A : 먹어 본적이 있어요 ?
2．（1）A : 먹기 좋아요 .
　　（2）A : 관광하기 좋아요 .
3．（1）유진 씨, (취미는 뭐예요) ?
　　（2）(여행이에요) .

第 24 課

1．（1）A : 드릴까요 ?
　　　　B : 주세요 .
　　（2）A : 기다릴까요 ?
　　　　B : 하세요 .
2．（1）B : 피어 있어요 .
　　（2）B : 섭섭하네요 .
3．（1）A : 보여 주세요 .
　　（2）B : 기다려 주세요 .
4．（1）(뭘 드릴까요) ?
　　（2）아메리카노 (2 잔 주세요)

第 25 課

1．（1）A : 가고 싶어요 ?
　　　　B : 쉬고 싶어요 .
　　（2）A : 먹고 싶어요 ?
　　　　B : 마시고 싶어요 .
2．（1）A : 있으면
　　（2）A : 아프면
3．（1）A : 하고 있어요 .
　　　　B : 찾고 있어요 .
　　（2）A : 배우고 있어요 .
　　　　B : 공부하고 있어요 .
4．（1）다나카 씨, 장래 (꿈이 뭐예요) ?
　　（2）일본에서 한국어를 (가르치고 싶어요).

第 26 課

1．（1）A : 좋은데요 .
　　（2）B : 인데요 .
2．（1）A : 끝내야
　　　　B : 마쳐야
　　（2）A : 외워야
　　　　B : 풀어야
3．（1）A : 돌아갈 거예요 ?
　　（2）B : 될 거예요 .
4．（1）일본까지 (얼마나 걸립니까) ?
　　（2）일 주일 정도는 (걸릴 거예요) .

著　者

金　泰虎

　韓国に生まれる

　大阪市立大学大学院文学研究科後期博士課程修了

　文学博士

　現在、甲南大学全学共通教育センター教授

　著書『韓国語教育の理論と実際』（白帝社）

　　　『新版 韓国理解への扉』基礎韓国語〈読解〉（白帝社）

＊

表紙デザイン

唐　涛

新版 韓国理解への鍵　— 会話（話す・聞く）中心の基礎韓国語 —

2012 年 4 月 25 日　初版発行
2024 年 3 月 25 日　新版第 1 刷発行

著　者　金　泰虎
発行者　佐藤和幸
発行所　白 帝 社
　　　　〒 171-0014　東京都豊島区池袋 2-65-1
　　　　電話　03-3986-3271　FAX　03-3986-3272
　　　　https://www.hakuteisha.co.jp/
組版・イラスト　柳葉コーポレーション　　　印刷・製本　ティーケー出版印刷

Printed in Japan〈検印省略〉6914　　　　　　　ISBN978-4-86398-574-2
＊定価は表紙に表示してあります。